前言

最近几年来，网红已从通过社交媒体推荐产品转向多个媒体平台进行产品代言，再加上其经济效应的凸显，网红代言受到企业的高度重视，但明星代言仍然是企业进行产品推介的不二选择。在知名度、可靠性以及专业性方面与明星较为类似的网红，同时还具备与明星不同的特质，所以网红代言是一种新型的广告代言类型。另外，囿于网红出现时间短、发展快等原因，国内外学者虽对网红进行了初步探索，但研究重心尚未聚焦到网红代言效用方面，既有的少量关于网红对消费者购买意愿影响的研究也没有将网红与明星、网店等集合体剥离。由此可见，在网红代言实践快速发展的背景下，还缺少关于网红代言对消费者购买意愿影响的研究，这不利于对企业是否遴选网红作为代言人和网红代言广告效果的难题进行回应。此外，既有的理论较难阐释复杂多变的营销场景下消费者不同心理认知（自我概念）被激活后对消费者购买意愿影响的背后机理，即不能较好地厘清明星代言与网红代言为什么会激发并如何激发消费者不同的自我概念（理想自我和现实自我），进而如何影响消费者的购买意愿。同时，明星代言与其他广告代言类型效用分析受到学术界重视，涉及明星代言与企业家代言、专家代言、典型消费者代言对消费者购买意愿影响的剖析，然而现有研究并没有聚焦明星代言与网红代言的效用分析，这与明星代言和网红代言并存的营销实践脱节。只有恰当的广告诉求类型与明星代言和网红代言匹配，才能实现明星代言与网红代言说服效果最优，因此，广告诉求类型如何与明星代言和网红代言进行匹配还有待进一步探索。鉴于此，在对比视角下，有必要深入探究明星代言与网红代言对消费者购买意愿的影响、作用机制和边界条件。

本书首先从明星代言效用入手，借鉴明星代言研究成果，结合网红的特质，类比发现与无代言人相比，网红代言也可能会提升消费者的购买意愿。然后，通过深入剖析明星与网红的根本性不同，引入自我概念中的理想自我和现实自我作为中介变量来探究明星代言与网红代言对消费者购买意愿的作用机理。由于明星与消费者社会距离较远，消费者多是将明星视为偶像，较远的社会距离会引起消费者以抽象、概括、核心的心理表征看待自我，容易激发消费者的理想自我，而网红与消费者社会距离较近，消费者对网红亲近感较强，较近的社会距离会引起消费者以具体、表面、局部的心理表征看待自我，容易激发消费者的现实自我，被激发起不同类型自我概念的消费者为了维护、强化、延伸已经激发的自我概念或为了与激发的自我形象保持一致性，进而更愿意购买由明星或网红代言的产品。最后，明星代言激发了消费者的理想自我，处于理想自我状态下的消费者会将自我内心深处核心特征置于实际考虑之上，追求产品给自己带来的个性表达、身份表征和形象塑造的回报，而广告的象征性诉求侧重通过产品表达一种生活方式、社会地位和符号意义，所以广告的象征性诉求与明星代言的匹配更容易提升消费者对明星代言产品的购买意愿；同理，网红代言激活了消费者的现实自我，处于现实自我状态下的消费者以行动指导为目的，关注产品工具性、实用性的功能回报，而功能性诉求注重告知消费者产品的主要功能、突出性能、对比优势，所以广告的功能性诉求与网红代言的匹配更容易提升消费者对网红代言产品的购买意愿。基于以上论述，本书提出如下理论假设：（1）与无代言人相比，明星代言提升了消费者的购买意愿；（2）与无代言人相比，网红代言提升了消费者的购买意愿；（3）明星代言激发了消费者的理想自我，进而提高了消费者的购买意愿；（4）网红代言激发了消费者的现实自我，进而提高了消费者的购买意愿；（5）与广告的功能性诉求相比，在广告的象征性诉求情形下，明星代言更能激发消费者的购买意愿；（6）与广告的象征性诉求相比，在广告的功能性诉求情形下，网红代言更能激发消费者的购买意愿。

本书基于一个预实验确定了实验刺激材料，然后通过四个情景实验对明星代言与网红代言对消费者购买意愿的影响进行了探索。基于预实验，我们为正式实验遴选了需要的明星与网红。实验一初步验证了明星代言与网红代言均提高了消费者的购买意愿，且两者对消费者购买意愿的影响没有显著性差异。实验二验证了明星代言与网红代言对消费者购买意愿的中介机制——理想自我和现实自我。实验三借助启动效应的方法（priming）进一步验证了理想自我和现实自我中介作用的合理性。实验四则验证了广告的诉求类型——象征性诉求和功能性诉求与明星代言和网红代言的交互作用对消费者购买意愿的影响，得出广告的象征性诉求与明星代言更为匹配，而功能性诉求与网红代言更为匹配的结论。所有的实验都采用了不同类型的产品，且实验三我们将女明星与女网红更换为男明星与男网红。实验结果显示，关于明星代言与网红代言对消费者购买意愿方面研究的所有假设都得到了验证。

本书所得出的结论对现有研究和理论均做了有益的补充。首先，本书聚焦网红代言对消费者购买意愿的分析，不仅弥补了网红代言对消费者购买意愿影响的研究空白，也深化了有关于网红的研究内容；其次，本书在厘清了明星与网红的区别维度之后，引入自我概念——理想自我与现实自我作为中介变量来阐释明星代言与网红代言的作用机制，不仅发现了网红代言对消费者购买意愿的影响机制，而且完善了明星代言对消费者购买意愿的作用机理；最后，本书考察了明星代言与网红代言的适用范围，引入广告诉求类型——象征性诉求与功能性诉求作为调节变量，明晰了广告诉求类型与明星代言和网红代言的匹配效用，进一步丰富了明星代言与网红代言作用范围的研究框架。此外，我们为企业在选择明星代言与网红代言方面提供了路径依赖，并为企业在广告诉求类型与明星代言和网红代言匹配方面提供了借鉴，还为企业或商家在代言人类型确定前提下借助场景刺激消费者不同的自我概念进而提升其购买意愿提供了有益的启示。在最后，我们也阐述了本书还存在的局限性以及未来还需深入探究的几个方向。

本书适合市场营销专业的本科生和研究生作为学习参考，也适用于对消费者行为理论和方法感兴趣的学者以及相关专业从业者。在完成本书稿和相关研究内容的过程中，作者得到了曾伏娥教授全方位的指导，武汉大学经济与管理学院市场营销与旅游管理系的汪涛教授、黄静教授、黄敏学教授、张广玲教授和寿志钢教授提出的建议，对于本书研究的完善起到了重要作用；同时，感谢华中师范大学城市与环境科学学院李星明教授、武汉大学经济与管理学院路小静副编审对于书稿质量提升提出的建设性建议；此外，感谢家人和朋友的理解、支持、鼓励和帮助，在整理书稿过程中耿飏也付出了很多努力，在此一并致谢。最后，感谢东北财经大学出版社编辑的辛勤付出。

作 者

2022年8月

目录

第1章　导言／1

1.1　研究背景／1

1.2　研究意义／6

1.3　研究流程、结构和研究方法／8

1.4　主要创新／12

1.5　本章小节／13

第2章　对比视角下明星代言与网红代言影响消费者购买意愿文献综述／14

2.1　明星与网红相关概念界定与分析／15

2.2　网红代言与明星代言相关文献回顾／23

2.3　广告诉求文献回顾／31

2.4　对现有研究的总体述评／38

第3章　自我理论、解释水平理论与研究假设 / 41

3.1　自我理论 / 41

3.2　解释水平理论 / 49

3.3　研究假设 / 54

3.4　本章小节 / 63

第4章　研究设计与研究方法 / 64

4.1　预实验 / 65

4.2　实验一 / 67

4.3　实验二 / 70

4.4　实验三 / 75

4.5　实验四 / 80

第5章　总体结论 / 85

5.1　研究总结 / 85

5.2　研究启示 / 88

5.3　研究局限和未来研究方向 / 91

主要参考文献 / 93

附录 / 110

索引 / 130

第1章　导言

1.1　研究背景

1.1.1　现实背景

伴随着微博、微信、抖音、快手等社交媒体的迅猛发展，因网而生、伴网而长、借网而名的网红占据了我们有限的注意力。由于网红是一种“平民偶像”，不仅可通过社交媒体平台与粉丝进行深入交流，还可进行自己真实生活的分享与披露，这个过程拉近了粉丝与网红的心理距离，增强了网红对粉丝的影响力，进而使得粉丝较容易在网红身上探寻到更加真实的自我，如某网红在视频直播的过程中，将个人情感、个人信息、个人生活较为逼真地呈现给粉丝，获得了超过3 000万名粉丝的认同。由于网红粉丝数量规模庞大、披露内容多样、变现能力较强，网红经济效应愈加凸显，根据中国网络视听节目服务协会统计数据可知，2018年中国短视频市场规模达到467.1亿元，与2017年相比，增幅超过744.7%，同时，《2019中国游戏直播行业研究报告》显示，2018年中国游戏直播市场规模达到131.9亿元，比2017年增长超过60%，这样的经济效应受到了越来越多的企业、网店、零售商的重视。

网红代言产品已成为较多企业的选择之一。最初，网红因强大的带货能力被较多商家重视，网红作为店铺形象代言人，借助社交媒体传达产品信息，引导消费者购买，如某网红的店铺主推休闲风格的女装，某网红的店铺主营眼镜、耳钉、手镯，这个阶段网红多是借助社交媒体向消费者进行产品推荐。近期网红代言产品发生转变，国内外企业都开始尝试选择网红作为自己产品的代言人，并借助多个媒体平台（社交媒体、传统媒体）进行产品推广，同时网红代言产品类型也在不断拓展，包括化妆品、游戏、手机、食品、药品、网站、App、体育用品等，这与企业选择知名度高、影响力大的明星作为广告代言人具有一定的相似性。由此可见，网红已经开始从通过社交媒体产品进行推荐转向在多个媒体平台上进行产品代言。

在网红群体迅猛发展的背景下，明星更加注重通过社交媒体与粉丝进行互动与交流，即明星开始在多个媒体平台上展现自己的形象和进行产品推介。在产品代言方面，一方面网红代言产品类型在不断增加，变得越来越流行，另一方面，明星代言仍然备受重视，占据代言产品市场的主流。由于明星自带光环，具有较高的知名度，可增加消费者对产品的信任感和接受度（Miciak，Shanklin，1994）。另外，由于明星具有偶像形象和非凡气质，使用明星代言可提升企业形象和吸引消费者眼球，引起爱屋及乌的心理效应和社会影响的示范效应，进而产生巨大的商业价值（Maclnnis，Rao，Weiss，2002；Biswas，Biswas，Das，2006），如OPPO手机、VIVO手机、华为手机均选择了十多位中外明星作为代言人，其结果是新款手机销量大幅度提升。可见，尽管社交媒体的发展带来了消费者公众话语权的提升，但旧的价值观——精英主导依然深刻影响着每一位消费者，即每个消费者心中都有一个“明星梦”，明星是理想自我的映射。

在网红经济迅猛发展的背景下，企业在继续邀请明星作为代言人的基础上，开始尝试签约网红作为代言人推广产品，如资生堂签约国内网红推广其新产品，以此提升产品的吸引力，此外众多知名品牌如苹果、可口可乐、迪士尼等都纷纷邀请影响力大、性价比高的YouTube明星代言。探究产生这种现象的原因，一方面是“最后少数”理论的影响，明星作为“一小部分人”充当大众“守门员”，影响了大众的购买意愿和购买行为，由于明星在现实生活中是一小部分人，保持着一定的神秘感，与消费者有较大的距离，明星形象成为消费者心中完美自我与理想自我的表征，消费者希望加入明星的群体；另一方面受到“逆明星效应”的影响，消费者变得更加理性，不愿意被不符合现实生活的明星代言引领，而更愿意受到自己信赖的、熟悉的人的影响（Keel，Nataraajan，2012），由于网红来自与消费者同样的群体与阶层，消费者对其具有天然的亲近感。那么，网红代言是否如同明星代言一样会刺激消费者产生更高的购买意愿，还需要理论界进行深入的探究。

1.1.2 理论背景

广告代言是当前企业进行产品推广和树立品牌形象的重要营销手段。广告代言的类型主要有明星代言、专家代言、普通消费者代言、企业家代言，其中对明星代言的研究最为丰富，主要原因在于明星代言具有重要的经济价值，在企业层面直接影响销售水平和市场股价，如有研究发现明星成绩（取得比赛胜利）会引起代言产品公司的股价异常飙升（25%左右）（Elberse，Verleun，2012），在消费者层面会直接或间接提升消费者购买意愿（Rockwell，Giles，2009；Kim，Na，2007）。与此同时，明星代言与不同类型代言对消费者购买意愿的影响分析也受到较多学者的关注，涉及明星代言与专家代言、典型消费者代言、企业家代言效用剖析，而没有涉及明星代言与网红代言对消费者购买意愿影响的研究。网红因其较强的带货能力和凸显的经济效应受到企业的重视，已经走向产品代言市场，由于网红属于名人群体，具备知名度、可靠性和专业性，再加上网红来源于普通大众阶层，借助社交媒体以自我赋权形式迅速成名，所以网红代言是区别于以往任何类型的广告代言。然而拘囿于网红出现时间短、发展快，国外学者对网红的研究集中在网红成名路径、网红影响力测度、网红社交关系剖析，少量的研究将网红与明星作为名人集合体探究社交媒体上两者对消费者购买意愿的影响，而国内学者注重将网红与网店融为一体，探讨网红营销的作用，仅有极少的文献将网红作为单独的研究对象，这类研究也是基于网店的情景展开的（沈霄，王国华，杨腾飞，钟声扬，2016）。当前，较多企业与商家已经认识到网红代言在节省代言费用和提高带货能力方面的优势，将网红代言作为产品推荐的一种新型营销手段，网红代言产品类型也在不断拓展。另外，理论界尚未关注到网红代言实践的蓬勃发展，与营销实践发展脱节，所以从理论上和实践上均要求深入探究网红代言对消费者购买意愿的影响，尤其是从明星代言视角切入，研究意义更为显著。

明星代言作为一个较为成熟的变量，受到了学术界的重视，当前关于广告代言效用机制剖析的文献多是明星代言对消费者购买意愿影响作用的剖析。当前运用较多的理论包括来源吸引力模型、意义迁移模型、匹配理论模型和精细加工可能性模型。基于文献梳理可知，来源吸引力模型的核心是基于明星的吸引力进行剖析（Cohe，Golden，1972；Ohanian，1991；Erdogan，1999；Posavac，2001），意义迁移模型的关键是明星具备象征意义并通过意义解析、意义迁移、意义获取三个阶段完成（McCracken，Grant，1989），匹配理论模型的重点在于产品或服务与代言人的信息耦合关联性的高低（Misra，Beatty，1990；Kamins，Gupta，1994），精细加工可能性模型的重心在于消费者基于不同的路径对信息的加工，可见这些理论能在一定程度上阐述明星代言对消费者购买意愿的影响。然而当下社会环境、消费者均发生了变化，一是社交媒体的快速发展，企业或商家更加注重借助社交媒体平台进行产品信息推荐，消费者处于复杂多变且海量信息的环境中；二是消费者习惯发生了变化，消费者购买行为不再是经过较长时间深思熟虑而产生，多是在碎片化时间中基于社交媒体上信息搜寻、浏览之后，产生了心理、认知或知觉上的变化，进而引发产品购买；三是在快速变迁的消费体验的社会场景下，消费者原有的个性或心理认知，尤其是自我概念更容易被激活，被激活的自我概念对购买意愿产生了更为重要的影响（Oumlil，Erdem，1997）。当然，消费者会基于被动或主动的原因受到同类产品明星代言或网红代言的刺激，消费者关于自我形象整体认知与知觉会被激活，被激活的自我概念——理想自我与现实自我又会对消费者购买意愿产生什么样的影响，我们还不得而知，已有的理论在厘清复杂多变的刺激场景下明星代言与网红代言对消费者购买意愿的影响方面也略显苍白。

广告已经充斥在我们日常生活的多个方面，广告的最终目的是完成“信息传递”到“购买行为”之间的跳跃（DeBono，Packer，1991），这个跳跃过程的完成与广告的表达方式密切关联，即恰当的广告诉求与消费者的需求多次耦合、共鸣之后，才会刺激消费者产生购买意愿（Raza，Bakar，Mohamad，2017），所以广告诉求影响消费者购买意愿的研究一直是学术界探讨的重点，尤其是对广告的感性诉求和理性诉求的研究最多（Ruiz，Sicilia，2004；Morales，2012）。广告的感性诉求主要以情感色彩的渲染来激发消费者的情绪变化，而理性诉求则是通过产品功能、外观、技术、质量等理性逻辑的信息说服消费者。后来的学者继续拓展了广告感性诉求与理性诉求的内涵与外延，提出了广告的象征性诉求和功能性诉求。广告的象征性诉求不仅涵盖了感性诉求的情绪感染，更增添了广告为消费者带来的心境体验、身份表征和形象提升。广告的功能性诉求不仅包含了理性诉求中的产品信息，更是将产品信息进行凝练和升华，强调产品的核心功能、比较优势和特殊性能，这似乎更能满足当前消费文化盛宴和碎片化时间快速决策背景下，消费者对产品形象和产品核心信息的追求。故本书尝试引入广告的象征性诉求与功能性诉求作为明星代言与网红代言对消费者购买意愿影响的调节变量，那么广告的象征性诉求和功能性诉求如何与明星代言和网红代言匹配才能更好地激发消费者的购买意愿，还有待我们探讨。

基于现实背景回顾和理论背景的梳理，本书将聚焦明星代言与网红代言对消费者购买意愿的影响这一关键核心问题，并围绕以下三个方面的问题展开深入研究：

第一，与无代言人相比，网红代言会对消费者的购买意愿产生什么样的影响，明星代言与网红代言对消费者购买意愿的影响是否存在显著性差异；

第二，明星代言与网红代言对消费者购买意愿影响的作用机制是什么，即消费者什么样的心理认知被激活，为什么会被激活；

第三，明星代言与网红代言的适用范围是什么，即不同的广告诉求类型——象征性诉求和功能性诉求对明星代言和网红代言对消费者购买意愿影响的调节作用。

1.2 研究意义

1.2.1 理论意义

本书致力于探究明星代言与网红代言对消费者购买意愿的影响和作用机制，并剖析明星代言与网红代言对消费者购买意愿影响的适用情景。为了回答上述问题，本书基于自我理论，探究了明星代言与网红代言分别激发不同的自我——理想自我与现实自我，消费者为了维持、强化激发的自我概念和保持自我形象一致性，进而更愿意购买由明星代言或网红代言的产品，同时引入广告诉求作为调节变量，发现了广告诉求类型与明星代言和网红代言的匹配对提升消费者购买意愿的作用。具体而言，本书的理论贡献主要包括以下三个方面。

第一，本书通过网红代言对消费者购买意愿影响的分析，不仅弥合了现有名人代言对消费者购买意愿影响的研究空缺，丰富了名人代言理论，而且深化了网红代言研究内容。与以往研究聚焦明星代言不同的是，本书从明星代言对消费者购买意愿的影响切入，探究与明星同属于名人但又具有根本性不同的网红代言会对消费者购买意愿产生什么样的影响，同时两者对消费者购买意愿的影响是否存在显著性差异，这也是对网红代言实践备受企业重视和网红代言广告效用的回应。

第二，本书考虑到社会情景复杂多变和消费者个性特质对购买意愿具有重要影响，引入了新的解释机制——自我概念，即理想自我与现实自我，探究了明星代言与网红代言对消费者购买意愿影响的背后机理，这不仅是对明星代言现有解释机制的补充，而且发现了网红代言对消费者购买意愿影响的作用机理，还拓展了自我理论的应用范围。当前消费者处于多种营销场景的刺激之下，同属于名人阵营的明星与网红还是存在较大不同的，尤其是两者来自的群体不同，会导致消费者基于不同的社会距离去审视自己，这时不同自我概念会被激发，被激发起不同自我概念的消费者为了维持、强化自我概念和保持自我形象一致性，从而产生较高的购买意愿，可见借助自我理论可更加深入地阐明在营销环境复杂多变背景下明星代言与网红代言对消费者购买意愿的作用机制。

第三，本书将广告的象征性诉求与功能性诉求作为调节变量引入，不仅发现了明星代言与网红代言的适用情景，而且拓展了广告的象征性诉求与功能性诉求的研究范围，还在一定程度上丰富了广告诉求的理论研究。本书并没有利用当前常用的广告诉求类型——感性诉求与理性诉求，而是选用内涵更为丰富的广告诉求类型——象征性诉求与功能性诉求来探究明星代言与网红代言的作用边界，更有利于明晰哪种类型的广告诉求与明星代言和网红代言匹配才能更好地提升消费者的购买意愿。

1.2.2 现实意义

广告代言人是连接消费者和产品重要的纽带和桥梁，是企业提升消费者产品购买意愿的重要营销策略。在当前营销实践中，一方面是明星代言继续占据代言市场主流，另一方面是与明星同属名人行列的网红代言日益受到企业的重视，那么在明星代言与网红代言并存的背景下，企业选择网红代言是否是合适的，选择网红代言的依据是什么？本书对上述问题进行了回应，解答了企业能否选择网红代言的营销困惑，为企业进行产品推介提供了一条新的营销路径。

另外，在海量的信息环境下，并不是所有的广告都可以吸引消费者有限的注意力，关键在于通过广告诉求成功连接消费者“痛点”与广告“核心亮点”。恰到好处的广告诉求才能促使消费者实现从广告信息关注到信息回忆再到购买意愿产生。因此，当企业确定了选择明星或网红代言时，还应选择与之相匹配的广告代言类型，这样才能使明星代言与网红代言效果达到最优状态，而本书通过引入广告的象征性诉求和功能性诉求作为调节变量，深入剖析了明星代言与网红代言的边界条件，为企业选择明星或网红代言人与不同类型的广告诉求匹配提供了有益的借鉴。

1.3 研究流程、结构和研究方法

1.3.1 研究流程

本书的研究流程是按照“提出问题—解析问题—回答问题”的逻辑顺序展开的。首先，基于现实背景和理论背景的梳理，提出了本书需要解决的关键科学问题——明星代言与网红代言对消费者购买意愿的影响。其次，通过对明星、网红、明星代言、网红代言等核心概念的界定和明星与网红对比分析奠定了剖析后续问题的基础，接着通过网红代言、明星代言以及广告诉求相关文献回顾与梳理对研究的核心关键问题进行了分析，随后基于自我理论、解释水平理论的全面阐述，通过对明星代言和网红代言与消费者购买意愿、明星代言与网红代言可激发不同自我概念、明星代言和网红代言与广告的象征性诉求与功能性诉求匹配的逻辑演绎，提出了本书的6个假设。为了验证提出的假设，我们设计了1个预实验和4个正式实验，对研究的结果进行了反复验证。最后，我们基于实验数据结果，对本书的总体结论进行了归纳概括，包括研究总结的凝练、研究启示的概述，研究局限性和未来研究展望的提出（如图1-1所示）。

1.3.2 结构安排

第1章为导言。首先阐述了本书的现实背景和理论背景，并从两个背景出发提出了本书需要解决的问题：（1）与无代言人相比，网红代言会对消费者购买意愿产生什么样的影响？即网红代言是否会像明星代言一样提升消费者的购买意愿？（2）明星代言与网红代言对消费者购买意愿的影响机理是什么？即明星代言和网红代言为什么会激发消费者不同的自我概念——理想自我和现实自我？激发的理想自我和现实自我又会对消费者购买意愿产生什么样的影响？（3）明星代言与网红代言适用情景分别是什么？即广告诉求的类型——象征性诉求与功能性诉求如何与

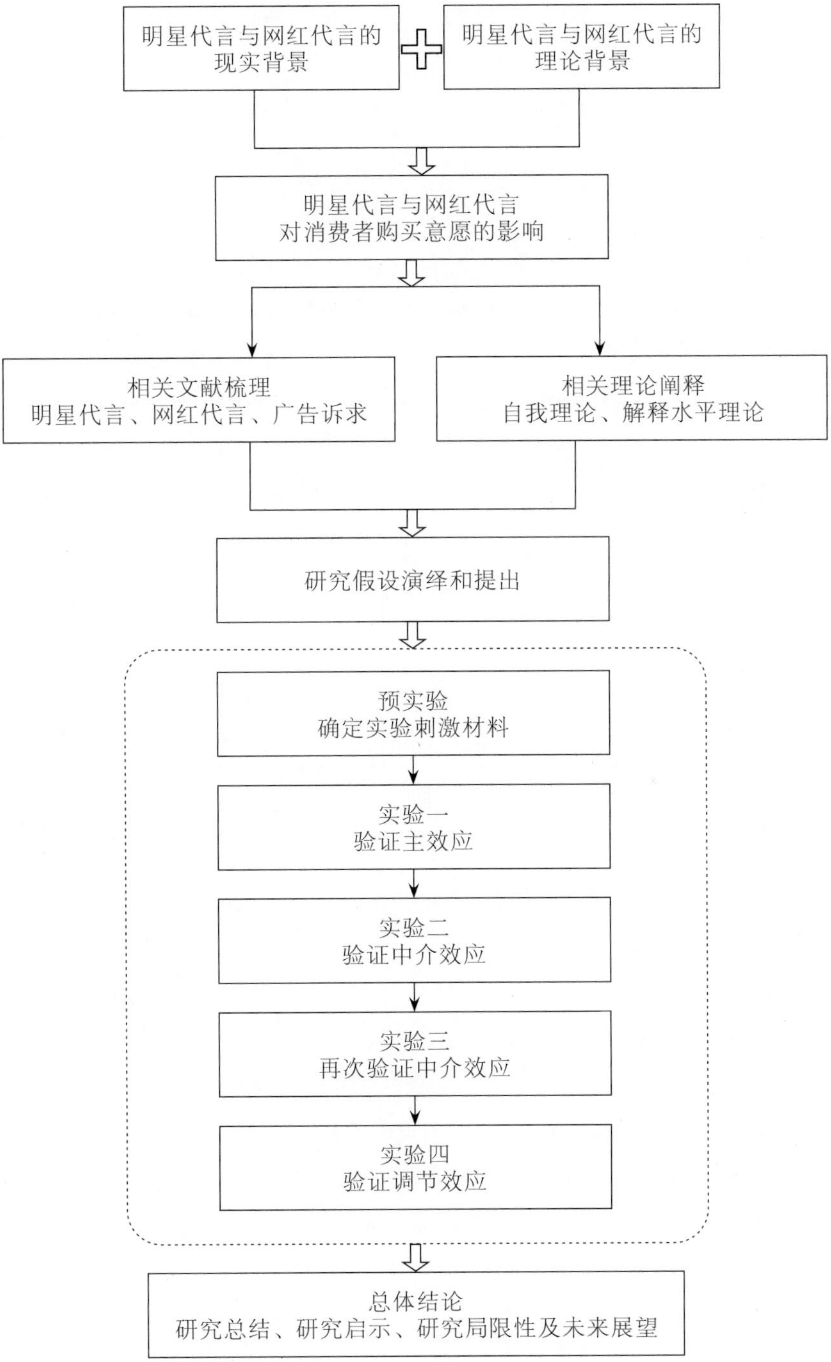
明星代言与网红代言的现实背景
明星代言与网红代言的理论背景
明星代言与网红代言对消费者购买意愿的影响
相关文献梳理
明星代言、网红代言、广告诉求
相关理论阐释
自我理论、解释水平理论
研究假设演绎和提出
预实验
确定实验刺激材料
实验一
验证主效应
实验二
验证中介效应
实验三
再次验证中介效应
实验四
验证调节效应
总体结论
研究总结、研究启示、研究局限性及未来展望

图1-1　研究流程

明星代言和网红代言匹配，进而对消费者购买意愿产生影响？然后，凝练了本书在理论和实践两个方面的意义，梳理了研究流程和结构，简述了研究方法，最后陈述了本书的主要创新点。

第2章为文献综述。该部分沿着两条思路展开，一是明星代言与网红代言的相关文献回顾，二是广告诉求的相关文献回顾，具体如下：首先，对明星与网红的概念进行了梳理，接下来对明星代言与网红代言的概念进行了界定，随后从社会身份和信息披露的两个维度系统剖析了网红与明星的不同。其次，基于网红代言是一种新型代言、缺少对网红代言的研究、现有机制较难厘清在社会场景复杂多变背景下明星代言与网红代言对消费者购买意愿的影响等多个方面论述，探究了网红代言研究的重要性和必要性，同时通过明星代言与不同代言类型效用剖析，提出探究明星代言与网红代言对消费者购买意愿影响具有一定的必要性。最后，对广告诉求从概念内涵、类型划分、影响分析三个方面进行了相关文献回顾和述评。

第3章为相关理论提出和假设演绎。该部分首先介绍了自我理论，这一理论为探究明星代言与网红代言对消费者购买意愿影响的作用机理提供了理论支撑，明星代言可激发消费者的理想自我，网红代言可激发消费者的现实自我。随后介绍了解释水平理论，基于不同的社会距离引发的心理表征明晰了明星代言为什么能激发理想自我，网红代言为什么能激发现实自我。接着，按照各变量的关系依次提出了本书的研究假设。具体而言，本书提出的研究假设包括：（1）与无代言人相比，明星代言提升了消费者的购买意愿；（2）与无代言人相比，网红代言提升了消费者的购买意愿；（3）明星代言激发了消费者的理想自我，进而提高了消费者的购买意愿；（4）网红代言激发了消费者的现实自我，进而提高了消费者的购买意愿；（5）与广告的功能性诉求相比，在广告的象征性诉求下，明星代言更能激发消费者的购买意愿；（6）与广告的象征性诉求相比，在广告的功能性诉求下，网红代言更能激发消费者的购买意愿。最后对研究假设进行了汇总。

第4章介绍了研究设计与研究方法。本章主要包括1个预实验和4个正式实验。通过预实验为正式实验确定了刺激材料，基于实验一到实验四这4个正式实验验证了本书提出的6个假设，并汇报和讨论了数据分析结果。

第5章介绍了研究总结、研究启示、研究局限和未来展望。本章基于实验一、实验二、实验三、实验四的数据结果分析，概括、梳理了4个实验的研究结果，并形成了最后的研究结论，随后阐明了本书在理论方面和实践方面的贡献，最后指出了本书还存在的局限性以及未来可能的研究方向。

1.3.3 研究方法

为了更加科学地探究明星代言与网红代言对消费者购买意愿的影响，本书主要采用了如下三个方法。

（1）演绎法与规范法相结合。本书首先通过现实背景和理论背景的分析，发现了当前需要解决的关键科学问题，然后基于名人代言、网红代言、广告诉求的相关文献梳理和基于自我理论和解释水平理论的详细阐述，通过逻辑推演和理论解释，提出了本书的6个假设。

（2）情景实验法。为了验证本书提出的6个假设，本书设计了1个预实验和4个正式实验。基于预实验，我们为正式实验遴选了需要的刺激物——明星与网红。实验一主要是让被试处于设想的购买场景，通过被试观看明星与网红代言广告的情景实验法，以期验证主效应。实验二更换了产品类型，组成新的刺激材料，继续运用类似实验一的情景实验法，以期验证中介效应。实验三借助启动效应的方法（priming），以期再次验证本书提出中介效应的合理性，同时，实验三中我们将女明星与女网红更换为男明星与男网红，产品类型也再次更换。实验四在继续更换产品类型的基础上，运用类似实验一的情景实验法，以期验证调节效应。

（3）数理研究法。本书利用SPSS 21.0对1个预实验和4个正式实验所获得一手数据进行处理分析，运用方差分析法、Boostrap方法等，对研究的操控、研究的中介、研究的调节进行了检验，得出的结论验证了提出的假设。

1.4 主要创新

本书基于自我理论，系统分析了明星代言与网红代言对消费者购买意愿的影响，引入理想自我和现实自我解释了明星代言与网红代言对消费者购买意愿影响的作用机制，并引入广告诉求类型作为调节变量分析了明星代言与网红代言的适用范围。具体而言，本书的理论创新点主要体现在以下三个方面。

第一，探究了网红代言对消费者购买意愿的影响。选择合适的代言人对企业产品推广至关重要，因此，不同类型代言对消费者购买意愿的研究备受学术界重视。网红因其强大的带货能力和凸显的经济效应，已被较多企业遴选为产品代言人。另外，网红代言是一种新型的代言形式，而当前理论界并没有对这种代言类型对消费者购买意愿的影响进行深入剖析，这就不能为企业在明星代言与网红代言并存情形下做出是否选择网红进行产品代言的决策提供理论指导。因此，网红代言的效用是一个非常值得研究却尚未有人涉及的研究课题。基于这一研究空缺，本书考察了网红代言对消费者购买意愿的影响。研究发现，与明星代言类似，网红代言同样提升了消费者的购买意愿。另外，明星代言与网红代言对消费者购买意愿的影响没有显著性差异。

第二，探明了明星代言与网红代言对消费者购买意愿影响的作用机理。本书首先厘清了明星与网红的本质区别，即亲民程度，也就是社会距离远近。因此，借助解释水平理论，阐述了明星代言与网红代言为什么会激发不同的自我概念，即由于明星与消费者社会距离较远，所以消费者会以抽象的、核心的、概括的心理表征看待自己，看到的是理想自我，而网红与消费者社会距离较近，所以消费者会以具体的、表面的、详细的心理表征看待自己，看到的是现实自我。然后借助自我强化理论和自我一致性理论，阐述了对于激发起理想自我的消费者为了维持、强化自我概念和保持自我一致性，从而对明星代言的产品产生了较高的购买意愿，同理对于激发起现实自我的消费者也会对网红代言的产品产生较高的购买意愿。

第三，考察了广告诉求类型与明星代言和网红代言的匹配对消费者购买意愿的影响。广告诉求是广告“说什么”和“怎么说”等直接表征，遴选恰当的广告诉求类型与明星代言和网红代言匹配直接关系着广告代言的效果。基于此，本书考察了广告诉求类型——象征性诉求和功能性诉求与广告代言——明星代言和网红代言的匹配是否会调节明星代言与网红代言对消费者购买意愿的影响。结果发现，相对于广告的功能性诉求，广告的象征性诉求与明星代言相匹配时，消费者会产生更高的购买意愿，而相对于广告的象征性诉求，广告的功能性诉求与网红代言相匹配时，消费者会产生更高的购买意愿。

1.5 本章小节

该章是本书的绪论部分。首先，基于现实背景中明星代言与网红代言并存的情形和理论背景，网红是一种与明星高度相似但又不同的新型广告代言人，当前缺少网红代言的相关研究，从明星代言视角切入，提出了本书的关键科学问题——网红代言是否会像明星代言一样作用于消费者的购买意愿。其次，该章节论述了明星代言与网红代言对消费者购买意愿影响研究的理论意义和实践意义。再次，该章节梳理了文章研究流程，概述了研究安排，选择了研究方法。最后，该章节从三个方面凝练了本书的创新点。

第2章　对比视角下明星代言与网红代言影响消费者购买意愿文献综述

在本部分，笔者沿着两条路径展开，一是明星代言与网红代言的相关文献回顾，二是广告诉求的相关文献回顾，具体如下：首先，对明星与网红的概念进行了梳理，接下来对明星代言与网红代言的概念进行了界定，随后从社会身份和信息披露两个维度系统剖析了网红与明星的不同。其次，基于网红代言是一种新型代言人、缺少网红代言的研究、现有机制较难厘清在社会场景复杂多变背景下明星代言与网红代言对消费者购买意愿的影响等多方面论述，探究了网红代言研究的重要性和必要性，同时通过明星代言与不同代言类型效用剖析，提出探究明星代言与网红代言对消费者购买意愿影响具有一定的必要性。最后，对广告诉求从概念内涵、类型划分、影响分析三个方面进行了相关文献回顾和述评。

2.1 明星与网红相关概念界定与分析

在本部分，笔者首先基于现有文献对明星与网红的概念进行了界定，然后对明星代言与网红代言进行了界定，最后对明星与网红进行了对比分析，厘清明星与网红的区分维度。

2.1.1 明星概念界定

提到明星，我们必须提及另外一个词语——名人，当下是一个生产名人的时代，歌手、演员、专家、学者、政治家、科学家、作家等不同行业的人都可以成为名人，可见名人具有较强的泛指意义，凡有相当知名度的个体均可称为名人（Epstein，2005）。而明星则具有一定的专业限制性，是指在某个领域内有一定影响力且通过传统媒体和社交媒体经常曝光的人物，包括演员、歌手、艺人、运动员等。

虽然明星类型较多，但不同类型的明星均具有两个核心特征，这是科学界定明星的关键所在。一是成名渠道，由于明星形象并不是借助社交媒体通过自我赋权建立的，而是通过电影、电视剧中经典角色塑造、体育赛场上付出汗水获得奖项，获得了同行的认可、媒体的认可和观众的认可（Ohanian，1990），是一种典型的非自我赋权建立的名誉，因此，他们也就成了大众心中的真正的偶像。二是符号意义，从符号学角度来看，符号化赋感知以意义（Eco，1977），即明星已经获得了超越其作为个体存在的意义，粉丝对明星的符号化建构是让受众在信息解码、编码的过程中完成与自我身份的对比，进而引发美好的联想，并获得能动性的享受，也是一个符号化心理再现的过程。较多学者从上述两个方面对明星进行了界定。学者Dyer（2004）认为，明星就是借助电影、电视剧等传统渠道累积个人名气，并借助传统媒体和社交媒体展现自己多方面形象的个体，包括外貌、特质以及象征意义。Turner（2004）认为，明星就是通过大众媒体获得某些社会群体的喜欢或热爱，并经常借助各种媒体在与社会大众准社会互动中表现个人形象的个体。

基于上述两点核心特征，借鉴Dyer（2004）和Turner（2004）关于明星的界定，本书认为明星就是基于传统渠道非自我赋权累积知名度和影响力的个体，通过各种媒体（传统媒体、社交媒体）借助影视剧、广告、图文、视频等形式展示其独特魅力而被社会大众喜爱，具有个人形象、社会形象、商业形象，且被社会大众视为一种文化符号，包括电视明星、电影明星、歌手、体育明星等。

2.1.2 网红概念界定

网红作为时下热词，出现时间短，发展速度快，于2015年被《咬文嚼字》列为当年网络流行语，随后网红的百度指数达到每周1 000以上。当前对网红概念内涵和外延还没有较为权威和统一的界定，不过有学者指出网红的本质反映了特定发展时期碎片化的镜像。此外，当前还没有一个确切的与之相对应的英语词汇，主要表达方式是网络+红人表征，如internet celebrity、internet superstar、internet personality、internet sensation、online celebrity、web celebrity、blog celebrity、cyberspace star，其中internet celebrity和web celebrity是较为常用的表达；另外还有一种“昙花一现”的表征方式，即three-month celebrity、instant online celebrities、nine-day wonder，表明网红热度来得快，去得更快，像天边的流星转瞬即逝，被人遗忘在茫茫网络中，可见作为新事物的网红还有待深入研究。

作为新鲜事物的网红，究竟如何界定？本书认为厘清网红的发展脉络、特征表现、意义表征，才能从接近内核与本质的维度对其进行较为精准的界定。首先，网红的发展脉络是伴随着支持平台的变化而演进的（Nho，2012）。无论国内还是国外，第一代网红主要是活跃在贴吧、博客等社交性平台的网络写手；第二代网红的主要特征是借由图文分享博得眼球，粉丝可通过发评论、跟帖等方式参与互动；第三代网红借助微博、微信、视频直播等社交媒体进行自我形象、自我信息、其他信息的展现与披露。其次，网红注重个性化、接地气、快速度内容传播，以实现自我赋权（Strangelove，2010）。个性化内容创造代替同质化的内容输出，与粉丝实时互动以消除距离感，披露内容难度降低进而快速传播，最终打造出影响力广泛、价值不凡的个人IP，实现自我赋权

(Fieseler，Fleck，2013)。最后，网红的“所指”与“能指”呈现此消彼长的现象（Norton，2010)。网红的“所指”（象征意义）深度被不断降低与稀释，已经与当前社会大众精神世界的焦虑、无聊和虚无主义相互耦合，而不是承载梦想的偶像符号，而“能指”（使用属性）则被不断强化，即看到网红，首先联想到的是其所传达的产品信息，而不是其背后的价值表征。基于网红的发展脉络、特征表现、意义表征三个方面的具体分析，我们认为网红具有如下几个特点，借助社交媒体走红、自我赋权累积知名度、近距离与粉丝交流、真实性信息披露、“能指”属性被强化。

当前学术界开始从两个维度对网红的概念进行界定，一方面从主体属于人的视角，Stever和Lawson（2013）认为网红就是凭借社交媒体发布文字、图片、视频等吸引粉丝注意力，累积个人影响力和知名度，进而由特定社会、个人特质、网络背后推手、粉丝心理需要共同作用的热点人物，包括美女、段子手、微商等草根群体。另一方面，伴随着微博的盛行和微信公众号的发展，网络传播技术改变着“网红”的崛起路径，周茂君和宁馨怡（2017)、周延风（2018）等学者认为网红已不再是受到关注的人（文捷敏等，2019)，而是利用社交媒体通过自我展示呈现现实中无法或没有条件实现的愿望和欲求，并通过寻求情感共识积累大量粉丝的人、事、物，如“皮皮虾”“可达鸭”“熊本熊”等。上述关于网红的界定虽然还存在较大分歧，但概念均聚焦“社交媒体”“吸引注意力”“粉丝追捧”“自我披露”等核心要素。

基于对网红的发展脉络、特征表现、意义表征的梳理，借鉴Stever和Lawson（2013)、周茂君和宁馨怡（2017)、周延风（2018）等关于网红内涵的界定，考虑到文章研究网红代言对消费者购买意愿影响这一主题，本书认为网红就是，借助社交媒体平台，将身上的某一特质（艺术才华、搞怪作秀）在网络的放大效果中凸显，与粉丝的娱乐、窥探、臆想等心理欲望相契合，或较为频繁地披露个人较为真实的信息，或与粉丝进行实时交流互动，进而受到粉丝大范围、持续性的关注以实现自我赋权，并且有能力将社交资产变现的个体。

2.1.3 明星代言与网红代言的概念界定

代言人，即产品或品牌的发言人和推介者，发挥着将产品与消费者联通的桥梁作用。基于影响力大小，形成了两种关于代言人的界定：一是代言人借助自身高知名度、高认知度、高影响力和良好的个人形象以及一定的专业性，在商业推荐活动中展现商品对消费者的使用价值（Costanzo，Goodnight，2005）；二是代言人利用语言或者行动传达产品信息，树立品牌形象，并借助广告活动向消费者推介、呈现产品的使用价值（Ohanian，1991）。基于上述两种界定，形成了明星代言、专家代言、典型消费者代言的分类标准（Friedman，Friedman，1979）。专家代言在某个领域内具有较强的说服力，如技术总监，消费者注重专家的学术专业性，典型消费者代言借助消费者需求类似性来激起群体的共鸣，以获取消费者对产品的认可。与专家代言和典型消费者代言相比，明星代言因其强大的吸引力和号召力，通过粉丝效应引发消费者心理认同，吸引消费者有限的注意力，进而引发消费者冲动性购买。因此，各行各业都热衷于邀请明星代言产品或品牌。

明星代言最初是指利用明星的平面肖像或录像，将产品信息快速传播至终端受众的营销工具（Mowen，Brown，Schulman，1979）。伴随着明星范围的扩展，明星代言的定位转变为，任何一个有公众识别度的个体，借助公众对他的认知，通过显性或隐形（即出现产品或不出现产品）的方式来展示自己对产品和品牌的认同，并赋予产品一定的内涵和意义，从而影响消费者对产品的态度。此外，伴随着明星代言范围的扩展，如代言党派、代言非盈利群体、代言景区等，较多学者对明星代言作了如下界定，明星代言是指拥有一定公众认可度的名人与产品、品牌、服务、景区等客体建构某种关系，以便利用名人形象对该客体进行推广（Roll，2006；Veer，Becirovic，Martin，2010；Keel，Nataraajan，2012）。还有研究认为，明星代言就是，明星通过外表吸引力、专业技能、可信度、公众的喜爱度和熟悉度，在市场营销中产生令人满意的销售结果（Ohanian，1991）。无论明星代言范围如何拓展，明星代言的本质没有发生改变，基于上述界定，我们认为明星代言是指，受到特定群体的公众认可且享有高度的公众意识的个体，利用其知名度、专业性、吸引力和可信度来推荐产品或品牌，向目标受众传达完整的产品信息，进而起到帮助产品定位和促进产品营销的双重目的（Roll，2006）。

营销学对网红的研究主要是从网红的营销价值方面展开分析的，研究的重点在于网红营销的优势剖析，并没有单独对网红代言进行界定。因为网红代言界定存在三个难点：一是，网红推广与网红代言是两个完全不同的概念，网红推广多是指网红没有与企业订立契约，基于自身商业动机，向自己的粉丝进行产品推广，如张××推广的洗面奶并非知名厂家生产的，而是张××自己找代工厂加工生产的；二是，网红代言与网红直播也是完全不同的概念，网红直播是指网络红人借助直播平台来展现某类产品信息，这种产品信息披露是随心所欲的，并没有经过较为正式的商家包装；三是，网红代言是否仅指网红在社交媒体上通过图文、视频进行产品信息披露，而不包括通过其他渠道进行产品信息传播，如地铁广告、电视广告、墙体广告、报纸广告，姜××出现在地铁中的广告又如何界定？可见我们还需要对网红代言进行准确界定。

基于我们对网红较为精准的界定和对明星代言较为科学的界定，同时结合网红代言营销实践的发展，如“中国最美女胖子”及××代言了某当红女艺人代言的胶原蛋白、某知名速食品等，本书对网红代言作如下界定：网红代言是指，吸聚大量粉丝而产生知名度和影响力的网络红人受到企业邀请而非基于个人的单独产品推荐，通过传统媒体、社交媒体等平台，经过企业包装之后借助自身印象管理、表现能力、说服能力，来向消费者传达产品或品牌信息，并改变消费者思想和行动，进而促使消费者产生购买行为。

2.1.4 明星与网红对比分析

网红代言越来越受到企业的重视，在明星代言与网红代言并存的背景下，企业应如何进行选择，这需要理论界对明星代言与网红代言的效用进行分析。无论是明星代言还是网红代言，实际上都是基于明星或网红个体形象的产品或品牌推荐，因此，厘清明星代言与网红代言的关键在于对明星和网红的不同点进行深入剖析。

明星和网红都属于名人的范畴，均具有一定的知名度和影响力，藉由已有的维度已较难将两者厘清。现有关于名人划分的维度主要包括知名度、可靠性和专业性（Schouten，Janssen，Verspaget，2020），后来有学者又加入了一致性和道德声誉（Spry，Pappu，Cornwell，2011），但应用较多的还是基于知名度、可靠性和专业性三个维度的划分，基于这种维度划分开发的量表为明星代言、专家代言和典型消费者代言的定量研究奠定了基础。后来随着虚拟形象代言人的产生，可爱性、拟人性、生动性、夸张性、亲和性、时尚性等维度加入（Collcott，Phillips，1996），但这些维度仅适合虚拟形象代言人，对其他类型的代言人适用性不强。而明星、网红均属于名人，有研究基于数理模型（AAI、SNP）分别验证了Twitter、新浪微博平台上排名前25的名人的知名度和专业性，然后又对200位名人进行测度，发现无论是明星还是网红均具有一定的知名度和专业性，但具备一定的知名度和专业性的名人并非都是明星（Srinivasan，Srinivasa，Thulasidasan，2013），还有研究发现某些网红与明星具有同样的知名度和专业性，某些网红的知名度和专业性甚至比某些明星还要高（Khamis，Welling，2017）。以微博为例，我们发现某些网红的粉丝数量达到3 041万人，而同性别明星的粉丝数量尚未突破2 000万人，再如某网红推荐的砧板，即使售价1 000多元，粉丝也会趋之若鹜地购买。另外，有研究发现与明星相比，某些网红在Twitter、YouTube同样具有较高的可信度，他们发布的UGC（用户原创内容）成为帮助潜在旅游者获取旅游目的地信息和产生旅游动机的关键因素（Yoo，Gretzel，2010），且还有研究发现明星因其公众形象和社会形象给消费者带来了较大信任感，而网红因与消费者较为亲密地接触，容易使消费者产生该产品是网红已经使用过后再推荐的感觉，所以同样也会对网红推荐的产品具有较大的信任感。可见，沿用知名度、可信度、专业性三个维度已较难区分明星和网红，因此需要继续对文献进行深入梳理、分析，以探究区分明星与网红的核心点。

虽然明星与网红同属于名人类别，但两者在身份识别和信息披露上还是具有较大差异的。伴随着微博、微信、Twitter、YouTube等社交媒体的发展，无论是明星还是网红均十分重视通过社交媒体与粉丝进行互动，同时网红为了避免红极一时而后迅速衰落的情况，开始重视与企业合作，为企业产品与品牌代言，两者在某些方面具有共性。然而由于两者产生的渠道不同，明星一般是在传统媒体的聚焦下经过较为漫长的自我奋斗而逐步累积粉丝和不断提升影响力与知名度的，而网红是通过互联网迅速走红进而积累粉丝和提升自身影响力与知名度的，这导致明星和网红还是具有较大不同的。

网红来源于普通大众，网红的定位具有一定的草根性、民间性（Pineiro，2015），在自我信息披露以及自我形象呈现方式上，更注重贴近生活、展露事实，与可访问性、存在感和真实性紧密关联，满足了粉丝窥探的心理和欲望，体现普遍价值观和主题立场，最为关键的是某些较为私密的话题，网红以某种非公开的形式与粉丝进行交流，进一步加深了粉丝对网红“像我们一样的人”的认同和理解，使得网红与粉丝的心理距离被缩短，甚至出现了身份的叠加（Clarke，Murphy，Adle，2016），正如Clarke等（2016）学者所言，网红可把握景观呈现，并力争与粉丝心中的普通景观一致，以此来对抗超越现实的景观。以某网红为例，她展示了本月最喜欢的产品——露华浓粉底，同时她说，“在冬天，它会给予你一丝丝春天般和煦阳光的温暖，在夏天，它可赠予你被阳光亲吻后靓丽的青铜色光辉，但价格有一点小贵，可我依然很爱它，并是它的超级粉丝”。从这段分享中可发现，她喜欢这款产品，且已经试用该产品，更重要的是她保持了一种沉浸式的参与，以增强她披露内容的真实性。

社交媒体将空间与时间障碍消除，打破了人与人之间交流的藩篱（Stever，Lawson，2013），促使明星与粉丝的准社会互动开始增加，粉丝与明星之间逐渐形成了扁平的权力结构，粉丝偶尔会收到明星的答复，但明星和粉丝之间的关系仍然是半社会性质的（Chung，Cho，2014），即粉丝与明星的交流仍然是有距离的、严肃的和神圣的（Chung，Cho，2017）。产生这种现象的根本原因在于明星与粉丝的社会距离过大，粉丝将明星作为遥远未来理想自我的投射（Hargittai，Litt，2011）。如某明星在其微博上发布的手机代言信息，极为简短，“很荣幸成为小米手机品牌代言人，从今天起，一起开启‘好看又能打’的战斗之旅!”和“#小米9#终于正式发布了!提前感受了‘战斗天使’的实力，好看又能打，我很喜欢!Will you?”。这段信息中没有过多的自我情感的披露和产品使用的介绍，与粉丝的互动也较少，但粉丝转发这条微博超过100万次，点赞接近40万次。

此外，有研究直接指出由于网红来自于普通大众，他们的生活场景与粉丝具有较强的相似性，粉丝对其有天然的亲近感（Russell，Rasolofoarison，2017）。还有研究发现网红通过“个性化”和“非理想化”的自我呈现，大胆呈现真实自我与现实生活，并对生活中的某些现象进行吐槽，这种特立独行的舞台呈现迎合了社会转型期人们心中的焦虑和不安，获得了粉丝的欣赏和认同（Hargittai，Litt，2011），还能与粉丝在同一个水平线上进行实时互动与交流，更具有亲民性，更接地气，这是明星群体无法做到的（Stever，Lawson，2013）。所以，较多学者直接指出明星与网红最显著的区别在于亲民性和接地气（Stever，Lawson，2013；Chung，Cho，2014；Liu，Qin，2014），有学者运用亲民性（接地气）作为重要的维度对明星与网红进行了区分，并验证了亲民性（接地气）作用于共创产品的美观性和象征性进而影响消费者的购买意愿。

综上所述，由于明星与网红同属于名人范畴，有研究发现两者在知名度、专业性、可信度方面差异性不大（Srinivasan，Srinivasa，Thulasidasan，2013），还有研究发现消费者对某些网红的信任度超过某些明星，更愿意接受网红的信息推荐（Stever，Lawson，2013），可见依赖名人的三个维度已经较难将明星与网红清晰地厘清。所以基于文献梳理，本书从身份识别和信息披露形式两个方面论证了明星和网红的不同，即网红具有亲民性、接地气的特征，也就是明星和网红与粉丝的社会距离不同，或感知的心理距离不同，社会距离实际上是基于自我视角或镜像自我视角的自我与他人的距离。网红来自普通大众群体，具有天然的亲近感，无论网红发文、直播还是代言，受众的第一感觉就是“他与我距离感小，我感觉他是我的朋友”（Lange，2014），而明星由于与粉丝社会距离较远，不具备亲近感，因此，受众对于明星的第一感觉偏向于“他是我的偶像，是我的梦想”。可见社会距离远近成为区分明星与网红的重要标准，这个标准也是区分明星代言和网红代言的准绳（Kim，2016）。基于社会距离划分关系亲疏已有较多的研究，也已经开发了较为成熟的量表，自我与他人、自我与朋友或陌生人、自我在群体内或群体外导致的社会距离大小均会影响认知表征，还会对个体行为产生影响（Smith，Trope，2006；Winterich，Gangwar，Grewal，2018）。

2.1.5 文献述评

本部分主要目的是为后续的研究明晰、厘清相关概念。首先，我们区分了明星与名人的区别，名人具有较强的泛指意义，而明星则具有一定的专业限制性，并从成名渠道和符号意义两个维度较为科学地界定了明星。其次，作为新鲜事物的网红较难界定，所以我们在廓清网红的发展脉络、特征表现、意义表征的基础上，基于发生学原理从接近内核与本质的角度对其进行较为精准的界定。再次，基于明星与网红的界定，综合了广告代言的内涵，我们较为科学、客观地阐释了明星代言与网红代言的内涵。最后，由于明星与网红都属于名人范畴，两者存在较多共性，原有的名人维度较难将两者厘清，我们从身份识别和信息披露形式两个方面对明星与网红进行更为细致的区分，发现了网红具有亲民性、接地气的特质，也就是社会距离是区分明星与网红的根本准绳，廓清了广告代言中明星代言与网红代言的根本不同。

2.2 网红代言与明星代言相关文献回顾

在本部分，笔者首先从广告代言类型视角出发，对比分析了网红代言与明星代言、专家代言、典型消费者代言、企业家代言、虚拟形象代言的不同，然后对网红代言效用的相关文献进行了详细而又系统的梳理，最后对解释广告代言效用理论进行阐述。同时，笔者还从明星代言与不同类型代言效用方面切入，探究明星代言与其他类型代言人对消费者购买意愿的研究进展，基于文献梳理和逻辑演绎，我们认为纳入明星代言来研究明星代言与网红代言对消费者购买意愿的影响具有较为重要的意义。

2.2.1 网红代言是一种新型的广告代言方式

广告代言是企业和商家开拓产品市场、树立品牌形象、吸引消费者注意的有效手段，为了实现广告效果的最优，选择合适的代言人成为企业关注的重点。当前广告代言市场存在着多种代言人类型，如明星代言、专家代言、典型消费者代言、企业家代言、虚拟形象代言，然而作为新晋名人的网红，与上述代言人相比，具有较多不同，网红是一种新型的广告代言人。

一方面，正如前文明星与网红的对比分析，我们发现虽然网红与明星同属于名人范畴，两者具有高度类似性，但在某些维度上还是具有根本性区别的。由于较多文献已经验证知名度、可靠性和专业性是区分明星代言、专家代言和典型消费者代言的重要维度（Schouten，Janssen，Verspaget，2020），当前的研究借助这些维度发现某些网红与明星具有类似的知名度、专业性、可信度（Yoo，Gretzel，2010），可见两者具有高度相似性。然而两者还具有显著的差异性，网红与粉丝的互动性更强，网红名气累积与陨落速度更快，两者最大的不同就是上文分析指出的网红更接地气和具有亲民性，所以网红代言是与明星代言截然不同的另外一种广告代言类型。

另一方面，网红代言与专家代言、典型消费者代言、企业家代言、虚拟形象代言同样具有较大的不同。与专家代言相比，由于专家是指在某一领域内具有一定权威性、发言权的专业人员，表征专业、内行、严谨、刻板的意义，具有真实特征又具有“意见领袖”地位（Dipayan，Abhijit，Neel，2006），所以网红代言不具备专家代言的特定领域专业性、专业推荐的严谨性，然而作为公众人物的网红借助社交媒体累积的知名度也是专家不能比拟的。与典型消费者代言相比，由于典型消费者多为没有任何知名度和影响力的普通人，更能给消费者带来亲近感和相似感（Nataraajan，Chawla，1997；Muralidharan，Xue，2013），网红也来自普通大众群体使得消费者因处于相似地位而倍感亲切，但网红属于名人范畴，具备了类似甚至某种程度上超越明星的知名度和影响力。与企业家代言相比，由于企业家是企业的领导者和见证人，与企业的产品有着天然的紧密联系（Newell，Shemwell，1995），因此，企业家与产品的关联性、权威性、可信度方面可能均优于网红（涂方祥，杨晨，2014），但网红在知名度和亲民性方面均优于企业家。与虚拟代言相比，两者在内涵表征上具有根本性的不同。虚拟代言人是指利用具有拟人化、个性化特征的卡通人物、动植物或物品的图像符号向消费者传达产品信息和表达品牌形象（陈增祥，杨光玉，2017），而网红代言是指利用活跃于社交媒体上的现实名人个体进行产品代言。

由于明星代言占据了广告代言的主要市场，如有研究指出全球25%的广告采用了明星代言，原因在于明星代言对提升消费者产品购买意愿具有积极正向的影响（Atkin，Block，1983；Ahmed，Farooq，Mir，2012；Bambauer-Sachse，Heinzle，2018），进而引起企业产品销售绩效的提高（Elberse，Verleun，2012；Jaikumar，Sahay，2015），有研究发现84.35%的明星代言广告带来销售额提升，提升幅度在4%左右（Elberse，Verleun，2012）。那么对于网红而言，网红代言是否也会促进消费者购买意愿提升呢？我们还不得而知。鉴于网红代言是一种新型的代言类型，与已有代言类型具有较大的不同，尽管网红代言与明星代言具有高度相似性，但与其在亲民性方面具有根本性的不同，所以当前有必要探究网红代言对消费者购买意愿的影响。这不仅是对网红研究内容的拓展，更是对企业在多样化、多类型代言人之间遴选难题的解析。

2.2.2 网红代言对消费者购买意愿影响的研究

我们已经得出“网红代言是一种新型的广告代言形式”，亟需理论界探究网红代言对消费者购买意愿的影响。囿于网红出现时间短、发展快、概念未统一等多方面的原因，国内外关于网红的探索文献初现端倪，呈碎片化、零散化的特征，且还没有真正关于网红代言的研究。国外学者对网红的研究集中在成为网红的途径、社交媒体名人影响力测度、名人与粉丝关系三个方面（Marwick，Boyd，2011；Srinivasan，Srinivasa，Thulasidasan，2013），这些研究与网红代言关联度不大，只有少数学者开始注意社交媒体名人对消费者购买意愿的影响，然而这些研究多是将明星与网红视为名人集体，而非单独聚焦网红，如有研究发现与一般的Twitter、Facebook用户相比，拥有大量粉丝和发布亲社会信息的名人更可信，更值得信赖，更有能力，更有吸引力，他们披露的个人和产品信息，更能增强粉丝的自我身份认同和吸引粉丝的有限注意力，进而使得粉丝更愿意进行网上口碑传播，提升粉丝对名人推荐产品的购买意愿（Jin，Phua，2014）。此外，还有极少数文献直接探讨了网红对消费者的影响，如Abidin和Thompson（2012）研究发现，粉丝因为与博客名人具有同样性别而引发社会亲密感（在没有男性在场的情况下），粉丝进而可能对知名博主产生情感依恋，最终使得粉丝对知名博主所开网店中的产品的购买意愿提升，Gretzel（2010）和Leung等（2013）的研究发现社交媒体上旅游达人信息的分享，可为旅游者在旅游前提供关于核心吸引物和辅助设施的较为全面而又准确的信息，还在旅游者游览过程中选择自己最喜欢的景点，品尝自己心仪美食方面具有重要的意义。可见，国外学者对网红研究聚焦在成为网红途径、社交媒体影响力测量、社交媒体使用者关系等方面，虽然也有较少的文献探究了网红对消费者购买意愿的影响，但没有将网红从名人群体中剥离开来进行研究。另外，极少直接探究网红对消费者购买意愿的研究也不是真正意义上的网红代言的分析。

国内学术界也没有直接探究网红代言的分析，多是将网红与网店视为一个整体来探讨其对消费者购买意愿的影响。当前研究出现了两种截然不同的研究结论，有研究发现产品品质、网店专业性以及网店信誉等比网红本身更为重要，因为网红因强大的粉丝团体、粉丝的情感信任，会在网店开设初期大幅度提升消费者购买意愿（Stever，Lawson，2013），但伴随着粉丝流量的有限性和粉丝消费理性化，在网店发展的中后期网红推荐对消费者购买意愿影响反而会持续减弱（沈霄，王国华，杨腾飞，钟声扬，2016）。另外，有研究发现无论在网店开设初期还是在网店发展期间，网红在激发消费者购买意愿过程中均起主导作用，网红经营的网店中的产品并非不具有可替代性，网红的吸引力越高，消费者才会越愿意了解、关注网红推荐的产品，并将网红魅力与网红推荐的产品关联起来（Fiore，Yu，2001；陶金国，訾永真，2017），进而引起消费者购买意愿的提升，而产品质量和网店专业性虽也会影响消费者购买意愿，但重要性较低（石夫磊，王传生，2018）。可见，国内学者的研究多注重网红的经济效应，即将网红与网店融为一体，来探究两者对消费者购买意愿的影响。实际上，这也不是真正意义上的网红代言研究。

综上，一方面，国内外企业积极邀请网红进行产品代言，网红代言产品类型不断拓展，在促进自身形象提升的同时，也为企业提高了销售绩效，营销实践需要理论界对网红代言进行研究，以便更好地服务于企业；另一方面，国内外还缺少真正意义上关于网红代言研究的文献，国外学者的研究聚焦在如何成为网红、社交媒体名人的影响力、社交媒体名人与粉丝的关系以及将网红与明星视为名人一起研究，而国内学者更加注重网红的经济效应，将网红与网店作为一个整体进行研究。可见，网红代言对于消费者购买意愿影响的研究还处于空白状态。

2.2.3 现有理论对广告代言效用的解析

自19世纪下半叶教皇利奥十三世和托马斯代言波尔多葡萄酒和可卡因的烈酒以来，企业越发重视利用明星代言进行产品推广，明星代言成为企业提升消费者购买意愿的成熟营销策略，因此，关于广告代言效用机制剖析的研究多是集中在明星代言领域。在现有的研究中，关于明星代言对消费者购买意愿影响的解释机制主要通过四个理论进行了阐述。

首先是来源吸引力模型（Source Attractiveness Model）。该模型旨在通过明星的特征来刺激消费者购买产品或服务（Erdogan，1999）。该模型认为，来源吸引力主要是指消费者对明星身体特征、社会地位、人格特征、家族背景的感知，当这种感知在消费者接受范围内存在某些差异性时，消费者会更容易被吸引（Choi，Rifon，2010）。其中，明星代言人身体特征所表征的吸引力更能实现产品信息传达，并促使消费者发生积极的态度改变，即目标受众的愿望得到了背书者的认同（Cohen，Golden，1972），进而完成理想的购买过程（Debeved，Kernan，1984；Kahle，Homer，1985；Wang，Cheng，Chu，2013）。可见，该理论的核心是借助来源吸引力大小判别明星代言对消费者的影响。

其次是意义迁移模型（Meaning Transfer Model）。该理论认为，明星能否将所表征的独特意义迁移到所代言的产品或品牌是明星代言成功与否的关键所在。具体分为三个阶段，意义解析、意义迁移、意义获取，三个阶段犹如链条紧密相扣，缺一不可（Erdogan，Baker，Tagg，2001）。意义解析是指，消费者通过明星是什么样的人、扮演什么样的角色、发生什么样的故事等三个维度对明星形象进行解析，进而塑造明星在消费者心中的理想形象。意义迁移表示明星将自身的形象映射到所代言的产品或品牌，即明星的形象特征内化到产品与品牌中去，使得产品或品牌具有明星的特质。意义获取是指消费者通过购买浸润着明星特质的产品而获得了明星的某些形象，即通过产品将自身与明星连接起来。由此可见，明星具有形象意义和消费者对这种形象意义的感知成为该模型解释明星代言对消费者购买意愿影响的关键所在（Domzal，Kernan，1992；Till，Busler，2000）。

再次是匹配理论模型（Product Match-up Hypothesis）。该理论又被称为一致性假设，核心内涵是产品或服务生成的心理图像与代言人个性特征具有较强的耦合性（Misra，Beatty，1990；Till，Busler，2000；Shen，Li，Chang，2015）。该理论认为，匹配程度越高则越容易形成关于产品和代言人的过渡和联想，引起消费者对两者协调一致的感觉。如果明星代言人与产品匹配程度较低，则会导致消费者仅仅记住了明星，而忽略了对产品的认知，进而致使广告说服效果降低（Kamins，Gupta，1994）。由此可见，产品与明星的匹配程度是促使消费者产生购买行为的关键所在。

最后是精细加工可能性模型（Elaboration Likelihood Model）。该模型认为，改变消费者认知和态度主要有两条路径：中枢路径、边缘路径。中枢路径是消费者综合利用多种关于产品的信息进行客观、系统、综合性的加工。边缘路径是消费者在消耗较少认知资源的基础上，对广告中边缘线索进行分析，而不是依赖于周密的逻辑推理（Kerr，Schultz，Kitchen，Mulhern，Beede，2015）。消费者通过边缘路径还是中枢路径对广告信息进行加工取决于涉入水平这个关键因素。较多学者认为，在低产品涉入度条件下，消费者依赖外围路径对产品进行评估，此时消费者更加关注明星代言人而非产品属性，而在高产品涉入度情景下，消费者可能依靠中枢路径来对产品进行评估（Priester，Godek，Nayakankuppum，Park，2004）。可见，精细加工可能性模型的核心在于消费者会通过什么样的路径对信息进行加工进而产生不同的购买意愿。

来源吸引力模型强调了明星的吸引力，意义迁移模型注重明星的象征意义，实际上都是从明星个体特质出发来阐述明星代言对消费者购买意愿的影响，匹配理论模型侧重明星与产品协调一致，精细加工可能性模型强调信息路径的选择，实际上均是从信息处理视角来阐述明星代言对消费者购买意愿的影响。这些理论在阐述明星代言对消费者购买意愿的影响方面具有重要的意义。

然而随着社会的快速变迁，一方面，消费者面临的场景刺激越来越复杂、多变，营销刺激场景已经从单一的传统媒体转向多种媒体，对于同一款产品，原来可能是基于电视渠道的明星代言，而现在是微博、微信、抖音、快手等社交媒体和报刊、户外、电视多种媒体的明星代言或网红代言；另一方面，消费者在碎片化的时间内借助社交媒体主动寻求更多的信息，最为重要的是当前的消费主义已经从物理实体的世界进入了意象与感知的世界，消费者更容易被当前的社会场景刺激。此外，以往传统媒体环境下明星代言多是消费者被动接受信息的过程，而当下伴随着消费主权时代的到来，消费者更多的是基于自我对营销刺激产生心理感知进行快速而非深思熟虑的决策。

基于上述三个方面的原因，我们认为消费者可能在社会场景刺激下，将环境信息与个体形象进行碰撞产生对自我不同的认知或知觉，即消费者某种认知或知觉会被多种的社会情景所唤醒或激活，有研究发现消费者被激活的认知对消费者的信息搜寻、产品偏好、积极情绪、品牌选择方面具有重要的影响，这些影响最终都会作用于消费者购买意愿的产生，所以来源吸引力模型、意义迁移模型、匹配理论模型和精细加工可能性模型较难厘清不同社会场景刺激下消费者购买意愿的产生过程。尤其是消费者具有多种持续的与个性紧密关联的自我概念或自我形象，有研究发现不同的社会场景下消费者可能会像角色扮演一样，表现出大相径庭的自我概念（Oumlil，Erdem，1997），不同自我概念的消费者又会对产品或服务提出差异性的要求，进而会影响他们的购买意愿。尤其是在当前社会场景下，明星代言与网红代言可能会刺激消费者产生不同的自我概念，具有不同自我概念的消费者又会对自身购买意愿与行为产生重要的指导价值。

2.2.4 明星代言与其他类型代言对消费者购买意愿影响的研究

由于明星代言已成为企业进行产品推广重要的、流行的策略，明星代言从企业和消费者两个维度均会对产品销售产生积极影响（Elberse，Verleun，2012），再加上明星代言也具有较多的不确定性（Sonwalkar，Kapse，Pathak，2011），如高昂代言费用回报问题、超负荷代言问题，企业已开始选择多种类型的代言人为其产品进行推广，所以明星代言与不同类型代言对消费者影响分析成为学术界关注的重点。

当前较多学者从明星代言与企业家代言入手，通过二手数据分析发现虽然在知名度方面，企业家可能弱于明星，但关联性和可信度方面企业家均高于明星，使得企业家代言在消费者对品牌忠诚度感知和产品质量感知方面均高于明星代言（涂方祥，杨晨，2014）。同时，也有学者探究了明星代言与典型消费者代言的不同影响，他们发现在快消品领域，典型消费者代言比明星代言对消费者购买意愿影响效果更优（Kauskik，Baliyan，2017）。在发展中国家电影领域，与明星代言相比，典型消费者电影宣传片反而更容易提升农村消费群体对即将上映电影的喜爱程度（Muralidharan，Xue，2013）。还有学者探究了明星代言与专家代言的不同效用，他们发现对于高新技术产品而言，使用专家代言更容易降低消费者的感知风险（Dipayan，Abhijit，Neel，2006）。此外，专家代言比明星代言更有利于提升科技企业形象、提高投资者的投资意愿（Tong，Suk，2018）。

同样属于名人范畴的网红，已经从社交媒体上进行产品推荐转向多个平台进行产品代言，姜××代言瑞士顶级腕表品牌积家、陈××为小米代言、李××代言观致汽车，网红代言也成为企业进行产品推介的重要营销路径。网红代言具有两个方面的优势，一是代言费用要低于明星代言，二是网红具有较强的带货能力。可见，当前企业在进行名人代言选择时，网红具有明星所不具备的优势，所以有必要探究明星代言与网红代言对消费者的影响，以回应企业代言人选择的难题。然而基于当前的文献梳理我们发现，现有文献探究了明星代言与企业家代言、专家代言、典型消费者代言对消费者购买意愿的影响，而当前的研究还没有聚焦明星代言与网红代言对消费者购买意愿的影响的分析。

2.2.5 文献述评

伴随着微博、微信、抖音、Twitter、Facebook等社交媒体的迅猛发展，依赖社交媒体迅速成名的网红开始受到企业的重视。由于网红代言是一种新型的广告代言类型，纵使网红与明星具有高度的相似性，但两者还是具有根本性的不同，所以需要营销学界对网红代言进行深入探讨，然而当前关于网红代言的研究较少，甚至还缺乏真正意义上网红代言对消费者购买意愿的剖析。此外，既有的解释机制从代言人特质或消费者信息处理视角剖析了明星代言对消费者购买意愿的影响，但难以厘清当前复杂多变的社会场景下网红代言对消费者购买意愿的影响。由此可知，无论理论上还是实践上，我们都需要深入探究网红代言对消费者购买意愿的影响。另外，鉴于明星代言占据产品代言市场的主流阵地，但具有较多不确定性因素，所以明星代言与企业家代言、专家代言、典型消费者代言对消费者购买意愿的影响分析成为理论界关注的重点，然而当前还缺少基于网红代言强势崛起背景下的明星代言与网红代言对消费者购买意愿影响的剖析。

2.3 广告诉求文献回顾

本章节将详细阐述广告诉求内涵、广告诉求类型和广告诉求对消费者购买意愿的影响，力求清楚阐述本书选择广告的象征性诉求与功能性诉求作为探究明星代言与网红代言对消费者购买意愿影响的边界条件的原因。

2.3.1 广告诉求概念界定

广告是指企业借助大众媒体、社交媒体，将产品与服务信息真实地传达给消费者，并利用某种传达方式刺激消费者产生购买意愿的一种营销策略。广告传达的产品或服务的价值信息与消费者的期望完全吻合，才可吸引消费者有限的注意力去关注产品，形成产品心理图像，并引发相关联想，最终使得实际购买行为产生（Farris，Albion，1980）。可见，精准的广告诉求（Advertising Appeal）才能真正地将产品的“卖点”与消费者的“痛点”结合起来。

诉求，是一种心理动力，即可引起受众对传播信息注意并接受的心理活动，也反映受众从认知到行为的过程（Albers-Miller，Royne Stafford，2009）。广告诉求，又称广告主题（Advertising Theme），是对广告说什么（What）和怎么说（How）两个关键问题的响应，是广告说服逻辑的过程，是广告营销成败关键之所在。一方面，较多学者从产品核心信息表达方面进行了界定，广告诉求是将消费者的“痛点”与产品核心“卖点”紧密耦合，通过产品核心“卖点”和价值宣传解决消费者真正关心的“痛点”，在展示产品比较优势的过程中以不同的说服途径影响受众，从而获得消费者认同；同时，还有学者认为广告诉求就是以一种直截了当的表达方式向消费者阐明购买该产品的利益或好处，增强消费者的认同，即通过一种说服的方式促使消费者购买意愿萌发和购买行为产生（Holbrook，Batra，1987）。另一方面，还有学者从创意手段方面对广告诉求进行了界定，广告诉求是一种创意行为，即通过采用恰当合适、出其不意的创意策略将产品与服务的信息传达给消费者，消费者在无主观意识介入的情形下对产品信息产生关注与兴趣，并刺激其产生积极情绪，进而产生实际的购买行为（Green，Peloza，2014）。

鉴于广告诉求的重要性，即广告诉求是获取消费者共鸣和诱发实际消费行为的关键所在，以及广告诉求界定的视角——说服方式、核心内容和创意手段，结合社交媒体发展背景下网红文字、图文、视频推荐，借鉴 Holbrook 和 Batra（1987）关于广告诉求内涵的阐述，本书将广告诉求界定为，企业通过传统媒体和社交媒体，采取恰当的广告创意策略，针对消费者尚未被满足的需求，传递出具有刺激性的关于产品或服务的信息，在有意识或无意识的过程中将消费者注意力转移到广告中来，并促使其搜寻该产品、服务的相关信息，同时形成或改变对产品、服务的认知和态度，进而刺激受众购买欲望，达到产生购买行为或持续的购买行为的广告目的。

2.3.2 广告诉求类型厘定

广告诉求方式的选择是广告策划活动中最重要的部分之一，广告诉求的选择直接关系着产品信息传达、品牌形象塑造、注意力聚焦、广告说服效果等，因此，遴选最佳的广告诉求方式是判断消费者需求和产品信息能否成功连接的试金石。鉴于此，不同学者对广告诉求的类型进行了分析，并建构了不同维度的广告诉求类型。基于现有文献梳理，我们总结了广告诉求主要类型，包括理性诉求与感性诉求、硬营销诉求与软营销诉求、思维诉求与感官诉求、功能性诉求与象征性诉求（详见表2-1）。

表2-1　　广告诉求的类型

诉求出发点	维度构成	来源
认知和情感	理性诉求与感性诉求	Turley，Kelley（1977）；Resnik，Stern（1977）；De Pelsmacker，Geuens，Anckaert（2002）；Ruiz，Sicilia（2004）；Cheng（2008）；Roozen（2013）；Andreu，Casado-Díaz，Mattila（2015）
认知和情感	硬营销诉求与软营销诉求	Okazaki，Mueller，Taylor（2010）；Gauzente，Roy（2012）；Chen，Thomas，Kohli（2016）；Sarstedt，Diamantopoulos，Salzberger（2016）
认知和情感	思维诉求与感官诉求	Golden，Johnson（1983）；Brown，Stayman（1992）；Bagozzi，Moore（1994）；Chen，Men（2017）
认知和形象、情感	功能性诉求与象征性诉求	Johar，Sirgy（1991）；Shavitt（1992）；Ashley，Tuten（2015）；Lantos（2015）

由表2-1可知，虽然当前研究关于广告诉求类型在命名角度上存在一定差异，但并没有跳出从认知或情感维度划分的标准。理性诉求和感性诉求是研究最多的广告诉求方式，凡是涉及产品质量、价格、包装、特征、性能、成分等内容的就是理性诉求，与之相对应，凡是涉及快乐、高兴、恐惧、愤怒、怀旧、热情等情绪或情感变化的就是感性诉求（Ruiz，Sicilia，2004）。后来有学者又引入硬营销诉求与软营销诉求的概念，硬营销诉求与理性诉求基本一致，只不过在软营销诉求中侧重强调通过美丽场景或动人的情感故事，营造某种氛围或者塑造某种形象，进而间接、微妙地引发消费者情感变化（Okazaki，Mueller，Taylor，2010；Chen，Thomas，Kohli，2016）。还有学者从信息处理视角将广告诉求划分为思想诉求和感觉诉求，思想诉求注重运用大脑左半球去处理信息（Brown，Stayman，1992），消费者希望接受到广告中客观、理性的信息，而感觉诉求则是指消费者侧重运用大脑右半球去分析信息（Chen，Men，2017），更喜欢借助音乐、故事、喜剧等形式营造氛围或塑造场景进而引起消费者情感的变化。可见，思想诉求和感觉诉求仍然是从认知和情绪两个维度对广告诉求类型进行划分的。

广告的象征性诉求又被称为价值性诉求，功能性诉求又被称为功利实用性诉求（Johar，Sirgy，1991）。虽然广告的象征性诉求和功能性诉求与上述广告诉求具有较多的共同性，但差异性更为明显。广告的象征性诉求在为消费者塑造一种情感心境的基础上，更加强调为消费者表征一种象征意义和符号意义（Park，Jaworski，Maclnnis，1986），如自我形象展现、社会身份表征。这样会在诱导消费者产生情感共鸣的基础上，将产品形象视为展现自我形象与地位的最佳窗口，如新款的洗发水广告使用象征性诉求时，会有如下表述“这是一款新的洗发水，给你一头柔顺、靓丽的秀发，让你每天保持好心情，让你生活更加出彩，让你形象更加出众”。广告的功能性诉求不仅是披露产品的功能性的事实信息，更加侧重表达产品核心功能，突出性能和对比优势（Snyder，DeBono，1985；Johar，Sirgy，1991），尤其是该产品的核心功能和与其他产品对比后的独特性、优异性的信息，这些信息会强化消费者对使用该产品后利益和价值的认知，如新款的洗发水广告使用功能性诉求表达时，则会有如下表述“这一款新的洗发水，去屑效果极好，还能防止头发分岔，与其他产品不同的是能更好地保护发根”。基于上述关于广告的象征性和功能性诉求的论述，我们认为，广告的象征性诉求就是指通过产品或品牌为消费者创造理想目标与形象，包括产品象征意义、消费者自我形象、符号消费、生活方式等，而功能性诉求是指通过产品功能、特性等信息描述，告知消费者产品的主要功能、突出性能、对比优势（Sirgy，1991；Ashley，Tuten，2015）。

鉴于理性诉求与感性诉求、硬营销诉求与软营销诉求、思维诉求与感官诉求均是从认知和情感视角对广告诉求类型进行的划分，而功能性诉求不仅注重产品的信息，更加突出产品的核心功能、突出优势和对比特性，象征性诉求在表达广告通过情感渲染情绪色彩之外，更加注重表征广告为消费者带来的自我形象提升、社会地位表征。可见，广告的功能性诉求和象征性诉求从内涵和外延方面对原来的广告诉求类型进行了一定的拓展，更与当前消费者主义文化盛行背景下消费者注重形象表达和消费者理性转向背景下注重产品突出功能的诉求相吻合，故本书选择广告的象征性诉求与功能性诉求作为探究明星代言与网红代言对消费者购买意愿影响的调节变量。

2.3.3 广告诉求与消费者购买意愿

在梳理、厘清广告诉求的基础上，较多学者围绕着广告诉求类型的影响效果进行了大量深入的研究，不同学者得出了迥异的结论，即较难判断哪一种类型广告诉求效果更优（Han，Shavitt，1994；Moore，Harris，1996）。产生这种现象的原因在于广告的复杂性，仅使用广告诉求作为单一前置变量较难得出其对于消费者购买意愿影响的较为系统全面的信息，所以学术界注重将广告诉求作为调节变量引入，探究广告诉求与其他变量的匹配对消费者购买意愿的影响，以研判哪一种类型广告诉求效果更佳（Ruiz，Sicilia，2004），如当前研究最多的是将理性诉求和感性诉求引入，探究两者在产品因素、消费者因素、传播渠道、代言人因素对消费者购买意愿的影响过程中的调节作用（Albers-Miller，Stafford，1999）。

Johar和Sirgy（1991）首次将广告诉求划分为象征性诉求和功能性诉求，并指出象征性诉求和功能性诉求分别通过自我和谐与功能和谐来影响消费者的购买意愿，还从定性视角分析了产品类型、产品稀缺程度、消费者卷入度、消费者自我控制等方面与象征性诉求与功能性诉求的匹配效用。随后，较多学者开始从实证视角验证了象征性诉求和功能性诉求与产品类型的匹配效果，如有学者将产品类型划分为实用型和享乐型，当功能性诉求与实用型产品匹配时，广告说服效果较好，消费者购买意愿较强，当象征性诉求与享乐型产品匹配时，广告影响力更大，消费者购买意愿更强，对其他方面研究涉及较少（Johar，Sirgy，1991；Shavitt，1992）。近些年来，广告的象征性诉求与功能性诉求与产品类型的匹配仍然是研究的主流阵地，有学者将产品类型重新划分为思维性产品（咖啡与空调）和感觉性产品（婚戒与国旗）（对产品赋予一定感情），研究发现由于思维性产品更加突出产品功能属性，所以消费者更加偏爱广告的功能性诉求与思维性产品相匹配，而感觉性产品更容易激活表达自我的动机，故消费者更喜欢将广告的象征性诉求与感觉性产品相匹配（Choi，Yoon，Paek，Reid，2012）。当前广告的象征性诉求和功能性诉求与消费场景、促销手段、文化因素的匹配开始受到学者的重视，从消费场景视角，对于公开场景消费的产品，消费者可能更加注重产品为消费者带来的独特性感知、社会地位感知、炫耀性感知，从而更加注重象征性诉求，而对于私下场景消费的产品，消费者可能更加注重产品为其带来的实用性感知，包括性能、结构、质量、难易程度等方面，此时消费者更加注重产品广告的功能性诉求（Chang，2006）。从促销手段视角来看，我们可将促销手段解构为：货币型促销（优惠券、降价、回扣和免费产品）和非货币型促销（免费礼物、抽奖），由于货币型促销为消费者提供经济利益，非货币型促销为消费者提供享乐利益，所以功能性诉求与货币型促销相匹配更能使消费者感觉到产品具有较高的性价比，而象征性诉求与非货币型促销相匹配，可使消费者在购买产品的同时因参加抽奖、竞赛获得了娱乐体验，进而更容易提高消费者对购买产品的满意度（Lin，Lee，Cheng，2014）。从文化视角来看，文化作为一种价值观深刻影响不同群体的消费认知，当前有研究将文化划分为男性特征文化和女性特质文化，与此对应的有男性特征自我建构和女性特质的自我建构。美国文化更能体现阳刚之气，美国消费者被认为是男性文化的自我建构，所以美国消费者更加喜欢广告的功能性诉求，而中国台湾的文化则是刚柔相济，中国台湾的消费者同时具有男性文化与女性文化双属性建构。因此，中国台湾的消费者对广告的功能性诉求和象征性诉求反应基本一致（Chang，2006）。

综上，囿于广告对消费者作用的复杂性，多数研究认为单一广告诉求难以解释其对消费者购买意愿的影响，故较多学者将广告诉求作为调节变量引入，探究广告诉求与其他变量匹配效果来厘清哪一类广告诉求对消费者购买意愿的影响更大。当前关于象征性诉求和功能性诉求效用的研究虽然仍集中在两者与产品类型匹配对消费者购买意愿影响的分析，但已经向与消费场景、促销手段、文化因素交互作用方面拓展。然而令人遗憾的是，尚未拓展到与广告诉求密切关联的广告代言类型——明星代言和网红代言的匹配对消费者购买意愿影响的剖析。

2.3.4 文献述评

广告诉求，是表达产品信息、传达产品功能、获得消费者认同的关键所在。本书认为，广告诉求不仅是一种心理动力，更是一种重要的营销策略，是促使消费者产生购买意愿的关键一环。鉴于广告诉求的重要性，本书在借鉴以往关于广告诉求界定的基础上，力求从获得消费者认同和产生购买意愿两个核心点出发，结合当前社交媒体、传统媒体广告表现形式，对广告诉求进行了较为科学的界定，为后文研究广告诉求奠定了基础。

随后，本书系统而又详尽地剖析了当前广告诉求的类型，当前广告诉求主要分为理性诉求与感性诉求、硬营销诉求与软营销诉求、思维诉求与感官诉求、功能性诉求与象征性诉求，尤其是理性诉求与感性诉求、硬营销诉求与软营销诉求、思维诉求与感官诉求虽然在命名上存在不同，但在内涵表征上具有较大的相似性，而广告的象征性诉求和功能性诉求虽然也是从认知和情感视角切入，但内涵更为丰富，如象征性诉求还表征符号意义，功能性诉求在产品所有的功能性信息中凸显其核心功能与突出优势，所以广告的象征性诉求和功能性诉求更具说服力，更容易诱导处在消费文化主义盛行和消费理性转向背景下消费者购买意愿的产生。

最后，鉴于广告的复杂性，单一广告诉求难以解释其对消费者购买意愿的影响，所以广告诉求与其他变量交互成为当前研究趋势。关于广告的象征性诉求和功能性诉求研究，一方面多是以定性视角分析了广告的象征性诉求和功能性诉求与产品稀缺、消费者控制、产品类型等方面的交互影响，另一方面广告的象征性诉求和功能性诉求与产品类型的匹配仍然是当前研究的主要领域。纵使已有学者注意到消费场景、文化因素、促销手段的作用，但研究较少，更没有拓展到广告诉求（功能性诉求与象征性诉求）与明星代言和网红代言匹配的剖析，可见这是当前研究的一个空白领域。

2.4 对现有研究的总体述评

基于上述相关文献的总结与梳理，大致可作如下整合与归纳：

第一，网红代言作为一种新型的广告代言类型，与其他任何类型相比，均具有较大不同，即使网红与明星具有高度的相似性，但两者仍属于不同类型的广告代言人，网红代言是否像明星代言一样，对提升消费者购买意愿具有重要的影响，还需要理论界深入探究。另外，网红作为一个新生群体，受到了企业界和学术界的双重重视。当前国内外学者虽对网红进行了多方面的研究，但并没有给予网红一个较为精准的界定，更没有为网红代言做一个较为科学的内涵界定。网红代言的研究也存在两个关键问题，一是将网红与明星都视为社交媒体名人进行分析，没有将其剥离开来（Jin，Phua，2014），二是将网红与网店融为一体进行研究，这势必会削弱网红代言对消费者购买意愿影响的深入剖析。此外，鉴于明星代言占据产品代言市场的主流阵地，但具有较多不确定性因素，所以明星代言与企业家代言、专家代言、典型消费者代言对消费者购买意愿的影响成为理论界关注的重点，然而当前还缺少基于网红代言强势崛起背景下的明星代言与网红代言对消费者购买意愿影响的分析。

因此，本书将网红代言作为一个单独变量，从与名人集合或与网店集合中剥离出来，来探讨网红代言对消费者购买意愿的影响，并一起探讨明星代言与网红代言对消费者购买意愿的影响，这是对网红代言实践之水已有汹涌澎湃之势和企业面临的明星代言与网红代言选择难题的积极响应，更是对碎片化，初见端倪的网红代言研究的拓展、延伸。

第二，在解释机制上，来源吸引力模型、意义迁移模型、平衡模型理论、匹配理论模型和精细加工可能性模型虽均可以解释明星代言对消费者购买意愿的影响（Erdogan，Baker，Tagg，2001；Roy，Gammoh，Koh，2012；Kerr，Schultz，Kitchen，Mulhern，Beede，2015），但上述模型较难解释处在复杂多变社会环境下消费者认知和心理的变化（Liu，Stout，2010），而这些复杂的认知和心理变化对消费者购买意愿产生了重要的影响（Freitas，Langsam，Clark，Moeller，2008）。在消费场景复杂多变的背景下，消费者不同的自我概念会被唤醒，即受到明星代言或网红代言刺激的消费者是否也会产生不同的自我概念，进而引起购买意愿的提升。鉴于此，本书将在第3章引入新的解释机制——自我概念，以探究明星代言与网红代言对消费者购买意愿的作用机制。具体而言，本书引入理想自我和现实自我作为中介变量，重新诠释了明星代言与网红代言对消费者购买意愿的影响，不仅发现了网红代言对消费者购买意愿的作用机制，而且也对明星代言对消费者购买意愿影响的作用机制做了有益的补充。

第三，广告诉求，是表达产品信息和获得消费者认同的关键所在，更是促使消费者产生购买意愿的关键所在，因此，运用不同类型的广告诉求来塑造品牌形象和提升产品购买意愿已成为广告营销关注的重点（Holbrook，Batra，1987）。当前学者对广告诉求类型进行了多种类型的划分，如理性诉求与感性诉求、硬营销诉求与软营销诉求、思维诉求与感官诉求，这些诉求类型本质上并没有超越认知因素和情感因素的划分标准，而广告的象征性诉求不仅强调刺激消费者的情感反应，更彰显消费者个性特征、身份地位、形象表征，广告的功能性诉求在介绍产品信息的基础上，更加凸显产品核心功能和对比优势，与当前消费者追求形象表达和更加理性消费的消费需求更为吻合，所以我们将广告的象征性诉求与功能性诉求作为调节变量引入。此外，鉴于单一广告诉求难以解释对消费者购买意愿的影响，所以较多研究将广告诉求作为调节变量引入，通过探究广告诉求与其他变量的交互，厘清哪种类型广告诉求效果更优。目前感性诉求和理性诉求研究最为广泛，涉及对消费者因素、文化因素、产品因素、传播渠道因素、明星因素等方面的调节作用（Albers-Miller，Stafford，1999），而广告的象征性诉求与功能性诉求与产品类型匹配仍然是当前研究的主要领域，并没有拓展到与明星代言和网红代言匹配效用剖析，所以本书引入广告的象征性诉求与功能性诉求来探究广告的象征性诉求和功能性诉求与明星代言和网红代言的匹配效用，拓展了广告的象征性诉求与功能性诉求的研究范围，意义更为显著。

第3章　自我理论、解释水平理论与研究假设

基于第2章对明星代言、网红代言及广告诉求等相关文献的回顾，本书提出了需要解决的关键科学问题，即网红代言对消费者购买意愿的影响。要解决该问题，首先需要明晰网红代言是否与明星代言一样能够提升消费者购买意愿；其次，需要分析明星代言与网红代言对消费者购买意愿影响的中介机制是什么；最后，需要探究明星代言与网红代言对消费者购买意愿影响的适用情景。为了回答上述问题，本书借鉴自我理论来探讨明星代言与网红代言对消费者购买意愿的影响及作用机制。

3.1　自我理论

3.1.1　自我理论概述

自我（self）概念一经提出，就受到心理学界的重视，并且形成了较为丰硕的研究成果（Malär，Krohmer，Hoyer，Nyffenegger，2011；

Kim，Yoo，Lee，2018）。西方心理学界有两个关于自我的词汇ego和self。ego是由Sigmund Freud（1895）在进行人格分析过程中提出的，他认为自我、本我、超我构成了完整的人格结构。其中，ego来源于本我，表征反身意识，与自我和超我具有相对性，发挥着协调本我与超我的作用。此外，ego多指主体不涉及客体，强调无意识的活动。self是由William James（1860）在《心理学原理》中首次提出，后来的Sirgy（1982）、Mead（1934）、Simpson（1989）、Hattie（1992）等国外学者以及国内学者曹颖和符国群（2012）均以self来表达自我。因为self可同时表征自我意识和反身意识，与他人具有相对性，强调与有意识的活动相互关联，故本书的自我概念也使用“self”表达。

当前较多学者从不同视角对自我概念进行了界定，大致如下。一是，自我和社会关系角度。自我作为一面反射镜，诞生于与个体社会环境的互动之中，可指导自身行为（Cooley，1902）。这种视角认为社会环境作用试图有意识或无意识地创造自我，而自我也会反作用于社会环境。二是，自我信息处理视角。自我作为记忆系统或知识结构，处理关于自我的信息（Mischel，1977；Stein，Corte，2007）。这种视角认为，行为变化是一个特定的情况下某种自我模式被激活的结果。三是，自我内部视角。个体对自身作为一个对象时系统的、整体的、全面的感觉和认知，涉及特长、能力、情感、意志、幻想以及个人与他人和社会的关系等多方面的自我感知（Hattie，1992；Hawkins，Best，Coney，1998）。这种视角认为，自我起源于自身经验的累积，这种自我概念相对较为稳定但比较复杂。四是，发展视角。最初它是个人心目中对自己印象简单抽象的认识，然后伴随着阅历增加和年龄增长，逐渐形成具有不同层次变化的较为高级的、分类的认知（Marsh，Shavelson，1985）。这种视角注重自我的层次性和发展性，多应用于心理学、教育学研究人的成长与学习。

基于上述论述，我们发现学者们尽管从不同的视角对自我进行了界定，但存在共同性。首先，自我概念是关于自我的一种认知结构，是个体受自身经历或自身经历与社会环境交互作用下形成的对自己整体的、综合的、系统的看法；其次，自我概念是一个动态变化的复杂系统，涉及多个维度，并按照一定次序纳入一个系统；最后，自我概念并非静态的和孤立的，而是动态的，因为它们可以因外部刺激而改变。

消费者的态度与行为会受到自身性格、气质、价值观等多因素的影响，上述因素均是自我概念集合中的元素，故营销学者较为重视消费者自我概念影响的研究。基于上述自我概念的界定，本书认为，消费者自我概念是指，消费者把自己视为一个完整的对象时的认知和感觉，是消费者基于先天心理基因与社会环境相互作用浓缩起来的系统结构，具有被激发性和一定的稳定性，实质上是对“消费者是谁”“消费者是怎么样的人”“消费者希望成为什么样的人”三个问题的响应。

3.1.2 自我概念类型与理论演进

关于自我概念的划分主要分为两个脉络，一是一般自我成分横向解构，二是一般自我和特殊自我纵向解析。由于自我概念的纵向解构是基于个体发展视角从一般自我和特殊自我进行划分，这种划分方法考量了认知发展的阶段性和制约性，对于教育学和心理学研究意义更为凸显，与消费者行为学关联度不大，所以本书不作论述。接下来本书将重点探讨自我概念的横向划分。

社会认知派学者注重一般自我的横向解构，强调解构后的一般自我对信息加工的作用。詹姆斯（James）对自我概念的认知使得自我具有双重属性，包括主我（I）和客我（me），即纯粹自我和经验自我。其中，经验自我又可划分为物质自我（material self）、社会自我（social self）和精神自我（spiritual self）。物质自我是对真实的物体、人或地点的认知，核心是对身体的认知。社会自我是指我们被他人如何看待和承认，核心是在他人心中形成的印象。精神自我是我们所感知到的内部心理品质，核心是一个人主观存在或主观经验。同时，他认为精神自我最为重要，社会自我其次，物质自我重要程度最低。虽然詹姆斯对自我概念作了维度区分，但他更加强调用“个人同一性”将所有的自我维度统一起来。尽管詹姆斯为了强调身心一元性而导致其自我概念结构较为笼统、模糊，但仍为后续的学者研究开辟了新的领域。罗杰斯（Rogers）在继承詹姆斯自我概念的基础上，结合符号相互作用论学者米德对主我

（I）和客我（me）关系的剖析，并基于自身临床经验，将自我结构划分为现实自我（real self）和理想自我（ideal self）两个维度。现实自我是指对自我体验无偏见的反映和客观评价，即个体对当下自我现状、自我意识流的感知与认知。而理想自我是指个体希望达到或拥有的自身或他人为自我设定的概念形象，即个体对身心深处或被他人高度认可的自我形象的感知。罗杰斯对自我概念结构的划分具有开创性的意义，成为后续自我概念结构划分的基础。马卡斯（Markus）在沿袭罗杰斯对自我概念结构解构的基础上，又作了深入探讨，他增添了可能自我（possible self）的概念，即个体希望成为什么样的自我或拒绝成为什么样的自我。可能自我概念较为模糊，较难与理想自我中对自我形象期望进行区分，所以实际应用较少。作为集大成者的Sirgy在上述学者研究的基础上多次对自我概念结构维度进行修正，在现实自我、理想自我的基础上增加了社会自我和理想社会自我。这种划分考量自我概念多种可能性，但并没有超越理想自我和现实自我的概念范畴。实际上社会自我只不过是基于他人视角看待现实中自我形象，反映了自身与他人关系的一种碰撞，而理想社会自我则基于他人的视角来看待理想的自我形象，仍然与罗杰斯的理想自我具有内涵的一致性。后来国内外专家学者对自我概念结构进行了更为细致的划分或微调，增加了不同的维度，如期望自我、延伸自我、情境自我（Wang，Bristol，Mowen，Chakraborty，2000；符国群，2004）。这些更为细致的划分可能与不同情景中自我状态相吻合，但没有超越理想自我与现实自我概念的内涵与外延。另外，过于细致的维度划分与解构不利于深入探究自我概念对个体态度、情绪、行为的影响，再加上理想自我和现实自我的划分已经考量不同视角，且已经开发出了较为成熟的量表，如Wallace自我概念量表（Malhotra，1981），以及心理学和教育学的研究多是基于理想自我和现实自我两个维度的对比分析展开的。因此，理想自我和现实自我的划分是当前研究应用最多、最为成熟的自我概念划分，为本书消费者自我划分提供了借鉴。

在消费者行为学领域，消费者自我概念（自我形象）在20世纪50年代就受到营销学者的注意，他们认为消费者购买产品不仅是为了满足使用功能，还需要满足象征功能，即产品超越客体存在的符号意义，这为厘清消费者个性对购买意愿的影响开辟了新的研究方向。正如上文所说，多维度自我概念模型适用于心理学和教育学研究个人阶段性成长，而詹姆斯最初关于自我概念的界定和结构划分过于理论化、可操作性不强（McCullough，Huebner，Laughlin，2000），较难直接应用于消费者行为意愿的研究。直到理想自我和现实自我概念较为清晰地界定和量表效度得到验证才使得自我概念成为分析消费者购买意愿的重要工具。消费者自我大致分为现实自我和理想自我，反映了消费者在自我认知时的自我肯定程度（Sirgy，2015），如消费者现实自我是消费者呈现的没有修饰的舞台后的真实形象，而消费者理想自我则是消费者内心深处期望达到的舞台化的自我形象。虽然消费者自我概念类型同样可划分为多个维度，但消费者行为学领域的文献多是沿用理想自我和现实自我分类，主要涉及三个方面的原因。一是，关于消费者自我概念维度划分无论是二分法、三分法、四分法或者是五分法，本质上都是探究现实中的自我和理想中的自我，只不过视角不一致，如消费者理想社会自我是基于社会视角，消费者期待自我是基于个体或他人视角，都没有离开理想状态中完美的圆满的影像；二是，不同视角的消费者理想自我或消费者现实自我较难真正厘清，进而较难进行操控和测度；三是，过多的消费者自我维度划分，与日常生活中消费者多是基于理想自我与现实自我一致性进行产品决策，以及实践中企业多是基于消费者理想自我与现实自我进行一致性的品牌形象设计相脱节。因此，本书同样是借助理想自我与现实自我来探究明星代言与网红代言对消费者购买意愿的作用机制。

理想自我和现实自我概念的厘清和量表的开发还为与自我概念相关的理论延伸奠定了基础。如较多学者认为，自我概念在较大程度上直接控制着个体对社会环境的总体知觉，决定了个体对社会环境的反应（Rogers，Smith，Coleman，1978），也就是具有某种“自我概念”的个体更愿意去强化这种自我概念或极力寻求自我知觉与通过自我知觉获得信息之间的一致性，这是自我强化理论和自我一致性理论的雏形。

自我强化理论（self-enhancement theory）认为：消费者通过消费行为来维护和强化自我概念，也就是基于购买、呈现、使用产品来向群体传递象征意义，实际上也是自我概念的延伸。具体而言，处于某种自我状态的消费者会基于当前的自我概念对产品进行判断，如果与自我概念相符，则会激发消费者对产品的偏爱与认同，进而提升消费者的购买意愿，并愿意将购买的产品视为自己形象的延伸或者自我概念的一部分，反过来又强化了消费者对自我概念的认同和肯定，如此反复，则形成了自我概念强化与不断购买某种产品之间的良性循环，如理想自我状态的消费者倾向于购买价格较高，体现自己社会地位的化妆品，而现实自我状态的消费者则更加注重购买能够满足美白、祛斑、去皱等使用功能的化妆品。该理论为自我概念与消费者购买意愿架起了心理的桥梁，但没有阐述什么情况可激发消费者的不同自我概念。

自我一致性理论（self-congruity theory），又被称为自我验证理论（self-verification theory），该理论认为消费者基于感知到的产品所表征的形象或所表现的功能对自我形象进行判断（Sirgy，1982）。具体而言，形象意义的产品通常会激发包含同样形象的自我概念，且产品所表征的形象意义并非“空中楼阁”“雾里看花”“水中捞月”，而是由所激发的自我概念决定的。因此，当产品的形象与消费者自我概念一致时，会刺激消费者产生较高的产品购买意愿，而当两者不一致时，消费者会因认知差异而拒绝购买产品，如一个表征“时尚、高贵”的香水可能会激发消费者理想自我，此时消费者会感觉到产品与自我形象具有较高的匹配度，进而使得消费者更愿意购买该产品，同时消费者还会感到购买该款香水保持了自己在群体中的形象，甚至在某种程度上提升了个体形象。而功能性产品在向消费者传达产品主要功能、突出特性、对比优势等具体信息的过程中，处于现实自我状态的消费者则会更加关注产品的实际使用价值而非象征性价值。此时表达实际使用价值的产品可能与消费者现实自我形象更加匹配，如作为家庭主妇的中年女性，她们已经成为一名母亲和操持家务的太太，她们多是处于现实自我的状态，她们更加关注产品可以为我的孩子或丈夫带来的实际使用价值，对于突出表现使用价值信息的产品更为青睐，因为这与该年龄阶段女性的现实自我更加吻合。可见，消费者往往更喜欢具有维持和增强自我形象特征的产品（Crocker，Niiya，Mischkowski，2008；Sirgy，2015）。另外，消费者自我概念与品牌或产品形象之间的相似性或一致性越高，产生产品偏好的可能性就越大，进而产生积极的行为（需求、满意度、评价）的可能性就越高。鉴于自我一致性理论在消费过程中发挥着不可替代的作用（Choi，Rifon，2012；Ahn，Ekinci，Li，2013），其已成为剖析、解释消费者自我概念与消费者购买意愿的关系的重要理论。

3.1.3 自我概念与消费者购买意愿

自我概念是影响个人行为较为深层的因素，已在个人成长、个人教育、心理健康等方面受到重视，自我概念同样作为影响消费者消费行为的重要前因变量受到营销学界重视。以White（1959）为代表的较多学者首先通过对大机器生产带来的产品同质化和消费者更加注重文化体验的背景以及消费场景的变化的研究，得出消费者在重视产品使用功能的基础上，更加依赖产品的象征功能（Sirgy，1982），因为产品象征意义可能附着消费者的属性、动机与地位。随后，Landon（1974）、O'Brien和Sanchez（1976）、Ericksen（1997）等学者认为，自我概念与个体行为之间关系密切，自我概念直接影响个体行为，个体行为反过来会维持与强化自我概念；基于某些情景刺激下产生的自我概念，消费者为了保持自我概念的连贯性而增强购买意愿，或者为了增强自我概念，而产生相应的购买行为倾向，也就是个体一旦被刺激产生某种自我概念（理想自我或现实自我）时，就会基于理想自我或现实自我的影响去购买可维持、延伸、强化这种自我概念的产品，即自我概念与产品购买意愿具有显著的正向关联（Sirgy，1982）。也有研究直接验证了不同性别消费者自我概念与购买意愿的关联度，男性反而高于女性，达到0.34~0.60（Laird，1974）。

伴随着自我一致性理论的提出，学者们聚焦在产品形象或品牌个性与自我一致性对购买意愿的研究。学者Sirgy（1982）认为，消费者希望购买与现实自我或理想自我匹配度高的产品，随后大量的研究围绕着产品类型与自我概念保持一致性展开。最初，学者借助某一类产品——炫耀性产品，验证了现实自我一致性与理想自我一致性对消费者购买意愿的影响。研究发现，理想自我一致性对于炫耀性产品购买意愿更高，而现实自我一致性对于非炫耀性产品购买意愿更高。随后伴随着产品研究范围的进一步拓展，有研究发现，对于住房而言，无论是理想自我一致性还是现实自我一致性均会正向影响消费者的购买意愿（Malhotra，1988）。对于汽车产品、零售产品也得出了类似的结论（Ericksen，1996）。基于上述研究可知，不论什么类型的产品，只要产品与现实自我或理想自我具有一致性，消费者就会产生较高的购买意愿，如对于洗发水而言，既可通过使用功能与现实自我一致，又可通过品牌特性与理想自我一致。与此同时，有学者将产品划分为功能属性与象征属性，发现功能属性产品、象征属性产品与现实自我和理想自我匹配的效果。还有学者对上述匹配效果的边界条件进行了探寻，他们发现有两个关键的调节变量：一是使用场景，私下场景中使用的产品，消费者注重产品的实际使用功能与现实自我相匹配，反之，消费者则是将产品符号表征与理想自我相匹配；二是广告类型，对于理性广告，消费者会将产品的使用功能与现实自我相匹配，而对于感性广告而言，消费者更加注重产品的情感意义与理想自我相匹配。近些年，旅游产品也被纳入研究的范围，对于游船旅游、游学旅游、民宿旅游等类型的旅游产品而言，自我一致性可直接也可通过感知质量间接作用于潜在游客的出游意愿（Beerli，Meneses，Gil，2007；Boksberger，Dolnicar，Laesser，Randle，2011；Han，Hyun，2013）。

当前的文献着重剖析了自我概念与消费者购买意愿的关系，并得出只有当消费者自我概念与产品表征形象或传达信息之间具有较高一致性时，消费者才会产生较高的偏好，进而产生较为积极的购买意愿（Landon，1974），并没有聚焦自我概念是基于什么样的情景被激发的，而是预设这种自我概念已经被激发。在广告营销已成为企业进行产品推广的流行性、普遍性策略的背景下，尤其是不同类型名人代言已经占据产品代言市场的主流，消费者可能在未受到产品刺激之前，已经受到了代言人的刺激，作为营销情景之一的代言人会激发消费者不同的自我概念，那么代言人为什么会激发消费者不同的自我概念？尤其是在明星代言与网红代言并存的情形下，同样作为名人群体的明星代言与网红代言会激发起消费者什么样的自我概念，为什么会激发起消费者自我概念尚未厘清。因此，接下来我们将基于解释水平理论进行阐述。

3.2 解释水平理论

3.2.1 解释水平理论概述

解释水平理论（CLT），作为一种纯认知性理论，经过20多年的发展，已日臻成熟。解释水平理论的核心内涵是人们对事件的表征因连接距离远近而有不同的抽象水平（如图3-1所示），高抽象程度对应高解释水平，低抽象程度对应低解释水平，不同解释水平以不同的视角表征事物，高解释水平注重事物简单的、抽象的、概略性的、首要的、核心的、去情景化的、连贯的、上位的特征，更强调做这件事情的目的性；低解释水平侧重具体的、次要的、表面的、背景化的、非连贯的特征，更加注重做这件事情的过程性（Liberman，Trope，Stephan，2006；Trope，Liberman，2010），如对于同一场足球比赛，高解释水平关注的是“运动”“输赢”“球赛”等抽象的信息，而低解释水平的聚焦点是“人数”“衣服”“样式”等具体的信息，再如开车，高解释水平以“开车是为了到达目的地，同时欣赏了风景”进行描述，而低解释水平则以“开车是一系列动作的过程，检查汽车、开车门、启动汽车、踩下油门、注意红绿灯、握紧方向盘”等进行描述。

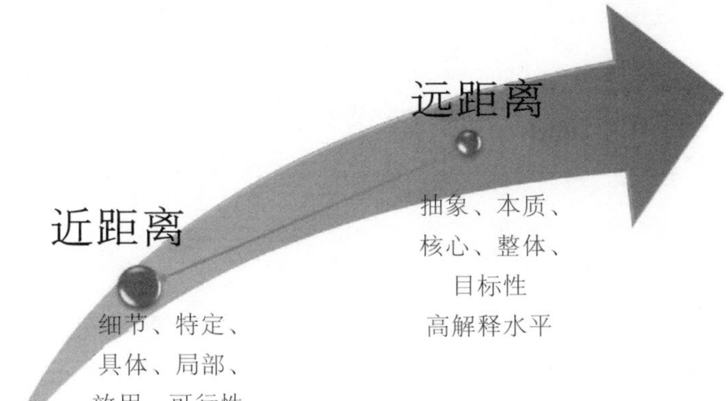

图3-1 距离远近与高低解释水平

作为解释水平理论起源的时间解释理论，核心是个体对事件发生的时间远近的感知，一般涉及两个维度——近期未来或远期未来，两者分别与高解释水平和低解释水平对应。后来社会距离、空间距离、假设性或可能性也被纳入，与时间距离共同组成了心理距离的四个维度（Liberman，Trope，Stephan，2006）。社会距离是个体自我对社会客体距离的知觉，如个人与他人、群体内部与群体外部，空间距离是个体对发生时间或达到目的地在空间上远近的感知，如到家附近超市还是到距离住址较远的超市，假设性是指事件发生的可能性大小或与现实的距离远近。而心理距离则是上述四个距离的综合体，概念如下：个体以自我作为参照点，对发生的事件在时间、空间上远近或发生概率大小的直接感知（Trope，Liberman，2003）。尽管时间距离、空间距离、社会距离、假设性的具体内涵存在一定差异，如时间距离的特征是线性的、一维的、不可控的，空间距离是多维的、稳定的、可控的，社会距离和假设性均具有部分可控性，但四者对于不同心理表征差异（解释水平高低）的影响路径是一致的，即四者在认知上的作用是同向的。这已经得到较多的研究的验证（Baron，Ritov，2004；Shani，Igou，Zeelenber，2009；Milkman，Rogers，Bazerman，2009；Milkman，Rogers，Bazerman，2010），如对于远期决策而言，消费者更倾向于购买绿色健康食品，而对于近期决策，消费者则更愿意购买非健康恶习食品，当消费者与自己的客户一起聚餐时，会选择低卡路里菜品，而当消费者与亲朋好友聚餐时，则会放纵自己选择高卡路里菜肴。当然，当前还有学者认为除了上述四个维度之外，心理距离还应涉及信息距离、透视距离、情绪距离、体验距离等维度，但这些维度仅作为概念提出来，学术界对此并没有形成共识，且还缺乏适用性方面的实证研究，因此，上述四个维度仍然是当前研究的主流（Baron，Ritov，2004）。

此外，当前研究还存在两种争论，即个体解释水平是稳定的人格特质还是具有临时的激发性。一方面，有学者认为对于同样的事件，不同个体习惯进行不同的心理表征，如对于最新上市的产品，高解释水平的消费者以整体思维、抽象的视角注重购买该产品的目的性（可实现什么样的价值），而低解释水平的消费者则习惯以局部思维、具体的视角注重购买产品的使用功能（具有什么样的具体功能）。然而，伴随着文化消费、符号消费的兴起与发展，以及消费场景的动态变化，再加上商家借助不同营销手段推荐产品，以及社交媒体上网红群体的影响，消费者无时无刻不处在刺激的场景中，再稳定的人格特质都会在短时间内出现逆转，所以较多的学者并不认为解释水平是一种稳定的人格特质，而是在心理距离变化下出现的不同解释水平表征，进而影响个体认知、情绪、判断、理解、评估等心理活动，如自己决定明天备考雅思或明年备考雅思，将会刺激不同的心理表征，如果是明天备考雅思，个体将会踏踏实实从听力、阅读、写作和口语四部分对雅思考试进行详细了解，查找、阅读相关资料，然后基于个体情况制订学习计划，而如果是明年备考雅思，个体则会如下描述“考上雅思，对我好处多多，直接提升我的英语水平，最为重要的是作为我出国深造的敲门砖和铺路石”。

3.2.2 解释水平理论的应用与认知

近些年来，解释水平理论沿着应用范围和解释机制两个维度发展，应用范围是指解释水平理论在心理学、社会学、营销学等学科得到了广泛应用。不同的解释水平将会影响谈判效果和说服的结果（Henderson，Trope，Carnevale，2006），如谈判前进行较长时间的筹备，有助于谈判者以整体思维统筹考量整个谈判进程，而降低对非核心问题的关注，如在临近投票选举前，候选人应在向投票者展现自己良好的个人形象、公众形象的基础上，强化对选民进行其执政理念的灌输。不同的解释水平还会影响人际关系，如权力感的高低、控制欲望的大小均会通过解释水平影响个体对礼貌用语和惯常用语的使用，进而影响人际关系（Smith，Trope，2006）。不同的解释水平还会影响消费者对产品类型的选择（柴俊武，赵广志，何伟，2011），如高解释水平的消费者更喜欢原型性契合的子产品，而低解释水平的消费者则更倾向于购买范例性契合的子产品，同时高解释水平的消费者更喜欢宣传核心价值的奢侈品，而低解释水平的消费者则更青睐强调实用价值的快消品。

另外，解释水平理论与认知，即聚焦于距离依赖的解释水平变化的底层心理机制。具体而言，首先，心理距离会刺激个体产生不同的心理表征进而对个体的行为与态度产生影响，时间距离会影响个体信息提取的容易程度、认知的顺畅性、认知的失调性，进而作用于人们的态度和行为（Novemsky，Dhar，Schwarz，Simonson，2007；Bilgin，Brenner，2008；Alter，Oppenheimer，2008；Alter，Oppenheimer，2009）。有研究发现当降价促销发生在遥远的未来和赠品促销发生在近期的未来时会刺激消费者产生更高的认知流畅性，进而促进消费者购买相应的产品（Novemsky，Dhar，Schwarz，Simonson，2007）。其次，心理距离会刺激人们不同的思维模式和关注焦点，进而影响人们的行为和态度（Fujita，Henderson，Eng，Trope，Liberman，2006）。有研究发现，当告知一批本科生（在纽约州），他们暑假的实习地点分别是位于距离纽约州较近的美国东海岸的卡通公司，或距离纽约州较远的美国西海岸的卡通公司，并要求他们进行一段动画片片段的分割，此时空间距离的远近启动了不同的思维模式，要去美国东海岸的卡通公司的学生以具体思维分割了较多的片段，而要去美国西海岸的卡通公司的学生以整体的思维分割了较少的片段。还有研究发现对于自己的亲朋好友，由于社会距离较近，个体倾向于将关注点聚焦在细节信息，此时就会看到别人的缺点，产生“严以待人”“求全责备”的心理活动和行为活动，而对于陌生人由于社会距离较远，个体更加注重对方整体的抽象的信息，关注点是对方美好的一面，这或许就是“距离产生美”的原因之一。最后，心理距离还会通过影响个体的控制水平，进而对个体的态度和行为产生影响（Rim，Uleman，Trope，2009；Fujita，Han，2009；Fujita，Roberts，2010；Fujita，Sasota，2011）。有研究发现对于购买恶习产品和美德产品而言，当消费者计划下个月购买时，消费者会因事件表达较为抽象，更加关注个体整体利益和长远福祉而产生较强的自控力，这时消费者会在计划清单上列出更多的美德产品。而当消费者计划明天购买时，消费者因事件表征具体，更加注意个体当下享受和短期利益，进而产生较低的自控力，此时消费者会在计划清单上列出更多的恶习产品（Fujita，Han，2009；Fujita，Roberts，2010；Fujita，Sasota，2011）。这对于戒除烟瘾同样适用，远期规划，个体以较强的自控力抵制诱惑，而近期规划，个体则会因自控力低而难以真正克服香烟的诱惑（Fujita，

Carnevale, 2012; Chiou, Wu, Chang, 2013)。

综上所述，解释水平理论在研究的广度和深度上取得了较大进展。广度上研究范围不断拓展，涉及心理学、社会学和营销学。营销学中已经用解释水平理论来剖析不同心理距离对消费者不同类型产品购买意愿的影响。另外，解释水平理论在解释机制上也不断深入，尤其是心理距离的远近刺激个体产生不同的心理表征进而对个体的行为与态度产生影响，如产生了不同的信息处理程度、不同的思维模式、不同的自控能力等，然而心理距离对个体自我概念刺激的研究则相对不足，接下来基于零散的文献和上述心理距离产生的不同的心理表征来解释与分析解释水平理论对自我概念的影响。

3.2.3 解释水平理论与自我概念

正如上文对自我概念的梳理，尽管人们希望维持一个稳定的、和谐的自我，但自我概念是动态的，不同的情景下会激发不同的自我概念，较为常见的分类是理想自我和现实自我，分别表征一种精神符号和一种现实主义导向，进而又会影响个体的态度和行为。当前研究重心为自我概念的影响结果分析，如自我概念对消费者行为的影响（Sirgy, 1982）、自我概念对主观幸福感的影响（Czaja, 1975）、自我概念对情绪的影响等（Strauman, 1992; Pear, Nolan, Scott, Baltimore, 1993; Sedikides, Gaertner, 2001; Kitayama, Park, 2010），而关于自我概念是基于什么样的因素被激发的研究较少。

鉴于自我概念的不确定性、动态性、可塑性，已有学者开始研究刺激自我概念产生的因素，既有的少量文献多是基于解释水平理论中的时间距离来探究其对自我概念的刺激作用（Rogers, Milkman, Bazerman, 2007; Kivetz, Tyler, 2007; Rogers, Bazerman, 2008）。解释水平理论对心理表征的研究作出了重要贡献，区分了心理表征不同的抽象层次，核心是个体凭借不同的抽象层次来辨识不同距离下的事件，如时间距离越大，个体倾向以核心的、本质的、抽象的、目的性特征来描述事件，时间距离越小，个体越倾向以表面的、具体的、工具性的特征来描述事件。基于上述论述，有学者认为遥远的时间距离激活了个体的理想自我，而较近的时间距离激活了个体的现实自我，因为遥远的时间距离会促使个体以抽象的、核心的、整体的特征来看待自我，看到的是一个遥远的美化的自己，即“距离产生美”。理想自我则是自己内心深处期望的自我或他人期望的自我，这种自我反映一个人的核心特征，代表了一种个体对自我概括的、非语境的看法。而较近的时间距离则促使个体以具体的、表面的、局部的特征来看待自我，即个体有限的注意力从内部转向外部，看到的是具体化的自己，容易看到自身缺点与不足。这是一个现实的自我，如Kivetz和Tyler（2017）通过对三种时间距离操控，即考虑一门课程是明天开课或下个学期开课、自己的朋友近期某一天或远期某一天来拜访自己、自己的同事下周或6个月内搬家，均验证了较近的时间距离激发了个体的现实自我，而较远的时间距离激发了个体的理想自我。

由于时间距离、空间距离、社会距离和可能性不同心理表征差异（解释水平高低）的影响路径是一致的（Baron，Ritov，2004），故我们认为社会距离的远近同样会激发个体不同的自我概念——理想自我与现实自我。

3.3 研究假设

通过前文的文献综述和理论回顾，本书认为，与明星代言一样，网红代言也可提升消费者的购买意愿，同时明星代言与网红代言分别激发了消费者不同的自我概念进而促使其购买意愿提升，同时，广告诉求类型在明星代言与网红代言对消费者购买意愿的影响过程中具有调节作用。

因此，接下来的假设提出分为如下几个部分进行：（1）基于明星代言对消费者的影响，论述网红代言是否对消费者购买意愿具有同样的影响；（2）明星代言与网红代言如何激发不同的自我概念，理想自我和现实自我对消费者购买意愿具有什么样的影响；（3）广告诉求类型——象征性诉求与功能性诉求和明星代言与网红代言如何匹配才能更好地提升消费者的购买意愿。

3.3.1 明星代言、网红代言与消费者购买意愿

尽管当前有研究发现，明星代言有时效果并不尽如人意，如明星代言过多品牌、明星自身负面效应、明星与产品匹配不一致、明星跨文化因素等（Ruth，Simonin，2006；Molchanov，Stork，2013），但明星代言仍然是当前一种流行的、被认可的、有效的营销策略，如全球约有25%的广告采用了明星代言，印度有超过60%的广告采用明星代言（Mishra，Roy，Bailey，2015），Millward Brown的Link数据库显示中国有超过55%的广告使用了明星代言。作为成熟的营销策略的明星代言对于提升消费者购买意愿具有重要的影响（Kim，Na，2007；Gurel，Kahle，2010）。首先，明星具备的可信赖性是其他代言人不能比拟的，明星具有一定的权威性，他们具有传递合理、正确信息的能力，同时，明星因其公众形象和社会声望使得消费者认为其是诚实可信的，他们传递的信息是合理的、值得信赖的，因此，消费者会因明星自身较高的可信度和传递信息较高的可信度而提升其购买意愿（Jain，Posavac，2001；Ayeh，2015）；其次，明星因特定的社会文化环境而成为具有特殊象征意义的符号，表征一种生活方式或社会身份，并通过符号的“解释”功能将明星的象征意义注入客体产品中，此时消费者看到明星会联想起产品，看到产品也会联想起明星，实现了消费者—明星—商品之间的互动，进而满足了消费者寻找产品意义和象征符号的过程，最终使得消费者购买意愿提升（Liao，Wu，Widowati，Chen，2012）；最后，明星因其强大的影响力和号召力，具有一定的示范效应，消费者在从众心理的引导下，会认同他们喜欢、尊重、崇拜的明星的言论和行为，并愿意接受他们的推荐和模仿他们的行为，因此，消费者因从众效应、光环效应而产生了对明星代言产品较高的购买意愿（Erdogan，1999；Iem，2010）。此外，较多的研究发现，消费者对明星代言广告的信息处理速度、产品和品牌评价以及产品的购买意愿均高于非明星代言广告（Atkin，1983），还有研究发现明星代言对消费者的影响并不一定直接作用于消费者的购买意愿，更多的是在认知和情感层面上起作用，进而增加其对产品的偏爱或重视（Till，Busier，1999；Malik，Guptha，

2014；Derdenger，2018）。可见，明星代言在影响消费者最终决定购买产品时的购买态度方面起着关键性作用（Wei，Wu，2013）。综上所述，本书提出如下假设：

H1：与无代言人相比，明星代言提升了消费者的购买意愿。

由于网红概念提出时间短、界定不统一、特质未厘清等多方面的原因，关于网红代言对消费者购买意愿影响的研究较少。基于既有文献梳理，我们从以下两个方面探讨网红代言对于消费者购买意愿的影响。一是，网红同样属于名人，具备名人的三个特质——可信度、知名度和专业性，因此，借鉴明星代言的研究，我们认为具备一定可信度、知名度和专业性的网红同样可提升消费者的购买意愿，如Jin和Phua（2014）的研究发现，值得信赖、具有吸引力和较高能力的普通名人的观点、态度和行为被消费者作为有价值的信息来源，因为这些普通名人为了迎合市场需求而展现自己的独特性和擅长的方面，消费者会增强对其专业性的认可，并将其推荐的产品信息作为决策的重要依据，以降低购买风险，进而提升对其推荐产品的购买意愿（Carroll，Ahuvia，2006）。另外，网红吸引力又被称为网红个人魅力，可直接作用于消费者购买意愿，也可通过满足消费者好奇心、增强消费者认同感、调动消费者积极情绪来影响消费者购买意愿。二是，网红具有亲民性、话题性、互动性等特性。这些特性对于消费者购买意愿的提升具有重要的作用（Neubaum，Krämer，2017）。亲民性是指网红来源于普通大众，他们的行为更加大众化和更接地气，网红亲民性程度越高，他们推荐的产品信息越容易被消费者接受；话题性是指网红的言论具有引爆点，可引起大家讨论，或网红本身就是一个值得讨论的话题，网红引发话题性越强，越能引发网红与粉丝之间的交流互动，从而促进网红的推荐信息在粉丝中传播；互动性是网红借助社交媒体与粉丝进行及时而频繁的双向交流，互动性越高，粉丝对网红越信赖，粉丝在无意识的过程中就认可了网红推荐的产品信息（Kim，2016）。可见，网红通过微博信息披露、快手视频直播与消费者进行较为频繁的社交互动，进一步拉近了与消费者之间的社会距离，使得消费者倾向于将网红视为自己的亲朋好友，作为重要参照群体。此时网红会通过与消费者建立的亲密关系来提高消费者对其推荐产品的认同度，并通过信息性影响增加消费者对其推荐产品的了解和认知，还可通过自己对产品较为真实的反馈和与消费者零距离的沟通刺激消费者产生积极正面的情绪，进而降低了购买决策的不确定性，提升了消费者对网红推荐产品的购买意愿（Russell，Mehrabian，1974；Bourdeau，2002）。综上所述，本书提出如下假设：

H2：与无代言人相比，网红代言提升了消费者的购买意愿。

3.3.2 明星代言、网红代言与理想自我、现实自我

明星代言与网红代言根本性的区别在于亲民性、接地气方面。也就是消费者与两者社会距离不同（Smith，2014；Jiang，Huang，Wu，Choy，Lin，2015）。对于明星而言，消费者与其社会距离较远，对于网红而言，消费者与其社会距离较近。消费者理想自我是消费者个体希望达到的、拥有的自身或他人为自我设定的概念形象，反映的是消费者个体核心的、概括性的、本质的特征，而消费者现实自我，则是消费者个体对自我体验无偏见的反映和客观评价，表征的是消费者表面的、具体性的、情景化的特征。同时，自我具有多面性、可塑性和动态性，会被不同的社会环境所激发，即现实生活中自我概念是由一系列不断变化的自我知觉所构成的，这些自我知觉兼容性较低，以一种自我知觉为主。正如较多研究发现，不同的情景激发了不同的自我概念，同时个体为了维持自我的和谐性，不太可能同时表征两种矛盾性的自我（Fazio，Effrein，Falender，1981）。

解释水平理论基于时间距离、空间距离、社会距离、假设性区分了不同的心理表征，即不同的抽象层次，对于较近的距离而言，会激发个体对事件抽象的表征，而对于较远的时间距离而言，则会导致个体对事件具体的表征（Trope，Liberman，2003）。正如上文所言，基于解释水平理论的不同心理表征在个体选择、评价和预测中得到了证明（Liberman，Trope，1998；Liberman，2003），如当事件发生在遥远的未来，个体倾向于对渴望性（目的性）赋予更高的权重去进行评价，而当事件发生在近期时，个体更愿意对可行性（工具性）进行更高的赋值来评价。接下来，将基于解释水平理论来具体分析明星代言与网红代言对

理想自我与现实自我的激活。

当消费者看到明星代言的广告时，关注的焦点在明星，首先想到的是明星是我心中的偶像，明星与我具有较远的社会距离，随后消费者会启动高解释水平，消费者的注意力转向内部，转向个体内在核心和突出特征，刺激消费者对自己以抽象的、核心的、本质的、整体的心理表征进行认知，看到的是一个遥远场景的自我，一个与明星类似的自我，一个反映核心特征的自我，即个体对自我一种概括的、非语境的看法与知觉。此时，刺激消费者产生的自我概念正是个体或他人期望的自我，所以明星代言激发了消费者的理想自我。当前直接运用解释水平理论来探讨社会距离激活理想自我的研究较少，我们借助相关的研究对上述论述进行佐证。Rogers 和 Bazerman（2008）借助两种不同的时间距离启动方式，即基于自我视角的参加慈善捐款的时间节点和基于社会视角的公共政策（减少海洋捕捞、上调天然气价格）发布的时间，验证了时间距离远近会激发不同的自我概念。以公共政策发布的时间为例，当上调天然气的价格政策在近期发布时，消费者会以具体的视角看待自我，激发的是现实自我，关注的是天然气价格上调，给自己带来的损失，而当上调天然气的价格政策在远期发布时，消费者会以抽象的视角看待自我，激活的是理想的自我，个体关注的是天然气价格上调会减少自己对天然气的使用量，进而保护了地球环境，促进了可持续发展。

尽管在不同的场景中可激发不同的自我，一旦消费者理想自我被明星代言所激活，消费者会尽力维护一个稳定、连贯的理想自我，反映他人为自我设定的特征。由于消费者产品的购买是将广告中产品图像信息与消费者自我形象相互作用的过程（Ericksen，1996；Khan，Rahman，2014），受明星代言影响而改变自己的原始态度，即理想自我被激活的消费者，会关注并响应广告中产品的自我呈现，当产品的自我呈现被认为与消费者的自我形象一致时，广告可使消费者产生对产品表征个体形象、社会地位象征意义的联想，这将使消费者感受到与产品更紧密的联系，消费者会认为产品是自我形象的投射（Kim，Han，2014），此时消费者为了维护激发的理想自我的形象，会去购买注入了明星象征意义的产品，以实现理想自我的延伸和理想自我的强化。同时，消费者为了与理想自我保持一致性，也会购买注入了明星象征意义的产品。此时，产品与理想自我更加匹配，进而提升了消费者的购买意愿（Hong，Zinkhan，2010；Sirgy，2015）。综上所述，本书提出如下假设：

H3：明星代言激发了消费者的理想自我，进而提高了消费者的购买意愿。

同理，当消费者看到的是网红代言的广告时，聚焦点在网红，感受到的是我认识这个网红，他或她与我一样，来自普通大众群体，我将他或她视为朋友，他或她与我有天然的亲近感。网红与消费者具有较近的社会距离，消费者会启动低解释水平。此时，消费者的注意力从内部转向外部（Deci，Ryan，2004）。消费者原来对内在特征的聚焦将会被分散，这时刺激消费者对自己以具体的、表面的、局部的、情景化的心理表征进行认知，看到的是一个近距离场景下具体的自我，一个反映具体形象的自我。这样，自我正是个体对自我无偏见的反映和客观评价。这样的自我会以行动的实用性为圭臬，注重当前可被利用的机会、资源和手段，也就是个体从“存在”取向让渡到“拥有”取向（Fromm，1976），所以网红代言激发了消费者的现实自我。同样，当前直接运用解释水平理论来探讨社会距离激活现实自我的研究较少，我们借助相关的研究对上述论述进行佐证。Freitas等学者（2008）借助两种时间距离启动方式验证了时间距离远近对不同自我概念的激活，对于第56届美国总统竞选，当总统选举是在未来的2年后举行时，遥远的时间距离激发被试以抽象的表征认知自我，看到的是理想自我，此时他们更愿意选择符合理想自我特质的希拉里就任美国总统，因为希拉里作为女性候选人具有偶像一样的气质，而当总统选举在下周举行时，较近的时间距离激发了被试以具体的表征认知自我，看到的是现实自我，此时他们更倾向奥巴马入主白宫，因为奥巴马作为男性候选人具有务实工作、勤奋工作的特征；同理，在1个月后和13个月后选举学生会主席也得出类似的结论，即1个月后的选举由于是近期未来激发了被试的现实自我，他们选择的学生会主席具有丰富的学生工作经验和较强的工作能力，而13个月后的选举由于涉及遥远的未来，激发了被试的理想自我，他们遴选的学生会主席多是具有完美形象，符合未来目标的特征。

自我不是静态的、孤立的，而是可随外部刺激变化而改变，具有可塑性、动态性。然而某种自我一旦被激活，个体总是倾向于保持一个连贯的、稳定的自我，因为稳定自我会使个体减少认知失衡，进而提升满足感和主观幸福感（Markus，Wurf，1987）。当网红代言激发了消费者现实自我时，消费者会更加关注产品的实际使用价值、功能性价值，而非象征性意义。由于网红“能指”意义被不断强化，而“所指”意义被不断弱化，即我们看到较难将网红视为梦想，较难与偶像关联，而是较多将网红与其推荐的产品紧密联系，再加上网红为了加快信息传播速度，主动将产品信息理解难度系数降低，所以网红代言突出了产品的实际使用价值信息。接下来，消费者为了实现增强现实自我和现实自我的延伸，同时为了自我形象一致性，也会购买由网红代言的产品（Hong，Zinkhan，2010；Sirgy，2015）。由于当前直接研究网红代言的文献较少，我们基于类似的文献可进行进一步论证，有研究发现对于注重个人感情披露、日常生活直播、与粉丝频繁互动的网红而言，消费者因与其较近的社会距离而更加认为其形象是现实自我的投射（Khamis，Ang，Welling，2017），消费者将产生的现实自我形象与网红所开的网店中产品的性价比高、功能性优、性能强相互耦合（陶金国，訾永真，2017），进而强化了现实自我的延伸，确保了现实自我形象的一致性。综上所述，本书提出如下假设：

H4：网红代言激发了消费者的现实自我，进而提高了消费者的购买意愿。

3.3.3 广告象征性诉求与功能性诉求的调节作用

纵然微博、微信、快手等社交媒体为明星创立了形象展示的新领域，也在某种程度上促进了明星与粉丝的准社会互动，然而这种互动如同当年美国好莱坞明星给自己粉丝回信一般，丝毫没有影响明星的神秘感、距离感和偶像感（Chung，Cho，2014）。另外，明星不仅仅是客体的存在，还具有象征意义和符号功能，成为消费者心中的“偶像”“梦想”。“偶像”“梦想”不是触手可及的，而是具有一定距离的（Hung，Chan，Tse，2011）。消费者与明星较远的社会距离刺激消费者产生了理想自我，以表征消费者心中的某种期许和理想。有研究发现，一旦理想自我被激活，消费者会将自我内心深处核心特征置于实际考虑之上，增强了表达个性、展现身份、塑造形象的需求。这种需求被满足，也就是理想自我的延伸和强化，所以当消费者处于理想自我被激活的情形下，消费者不仅会在某种程度上愿意放弃产品的功能性价值，甚至还会放弃平时较为宝贵的时间、金钱等资源，转而追求产品给自己带来的个性表达、身份表征和形象塑造的回报。由于广告的象征性诉求侧重为消费者创造理想的目标和形象，通过产品表达一种生活方式、社会地位和符号意义（Shanklin，Miciak，1996；Campbell，Warren，2012），如一款手表，象征性诉求会向消费者传达一种“高贵，与众不同”的身份体验，所以被明星代言激发起理想自我的消费者会更加青睐广告的象征性诉求，此时两者匹配在一起，会激发起消费者对明星代言产品的购买意愿，以更好地实现理想自我的延伸和与理想自我保持一致性。由于没有直接研究广告象征性诉求与明星代言匹配对消费者购买意愿的文献，所以我们借助相关文献发现，对于控制感强的消费者而言，他们为了维持较强的控制感进而通过产品来彰显个体形象与社会地位，而广告的象征性诉求恰好是描述产品为消费者带来的社会身份与个性形象，所以控制感强的消费者与广告的象征性诉求更为匹配。综上所述，本书提出如下假设：

H5：与广告的功能性诉求相比，采用广告的象征性诉求，明星代言更能激发消费者的购买意愿。

网红借助社交媒体平台，通过发布图文信息、视频信息展现较为真实的自我形象，同时能较为频繁地与粉丝进行互动交流，再加上网红来自于普通大众群体，进一步拉近了消费者与网红的社会距离，消费者会以具体的、局部的、情景性的心理表征看待自我，进而激发了消费者的现实自我。现实自我被激发的消费者以行动指导为目的，关注情景机会，以牺牲更多的内在价值为代价，而换取产品工具性、实用性的功能回报（Foa，Converse，Tornblom，Foa，1993；Kassar，Ryan，1993）。有研究发现基于时间距离的操纵，当个体在下一周搬家时（近期），会考量其需要为提供帮助的同事支付多少金钱作为报酬，而个体选择6个月之后搬家（远期），会着重考虑为其提供帮助的同事的价值观是否与他一致，我们在一起搬家是否和谐快乐（Kivetz，Tyler，2007）。功能性诉求是指通过产品功能、特性等信息描述，告知消费者产品的主要功能、突出性能、对比优势（Ashley，Tuten，2015），表达的是产品的具体的、外围的、功能性的信息，如一款手表，广告的功能性诉求如下表示，“高度精准，便捷耐用”。由此可见，网红代言激发起消费者的现实自我，处于现实自我状态的消费者会更加偏爱广告的功能性诉求，此时两者匹配更有利于激发起消费者对网红代言产品的购买意愿，以更好地实现现实自我的延伸和与现实自我保持一致性。同样，当前并没有直接研究广告的功能性诉求与网红代言匹配对消费者购买意愿影响的文献，我们借助相关研究发现，对于潜在旅游者而言，发现美、欣赏美、记录美固然重要，但潜在旅游者在出行前对旅游目的地功能性要求更为强烈，所以对于旅游目的地宣传的广告应采用功能性诉求，才能激发消费者的出游意愿，即潜在旅游者与广告的功能性诉求更为匹配（Ahn，Ekinci，Li，2013）。综上所述，本书提出如下假设：

H6：与广告的象征性诉求相比，采用广告的功能性诉求，网红代言更能激发消费者的购买意愿。

3.3.4 研究假设汇总

本书将明星代言与网红代言作为前置变量，消费者购买意愿作为结果变量，理想自我和现实自我作为中介变量，广告的象征性诉求与功能性诉求作为调节变量，对明星代言与网红代言和消费者购买意愿的关系进行了剖析，即明星代言激发理想自我，网红代言激发现实自我，不同的自我概念促进了消费者购买意愿的提升。同时，广告的象征性诉求与明星代言匹配和广告的功能性诉求与网红代言匹配更能促进消费者购买意愿的提升。综上，本书提出6个假设，汇总如下：

H1：与无代言人相比，明星代言提升了消费者的购买意愿。

H2：与无代言人相比，网红代言提升了消费者的购买意愿。

H3：明星代言激发了消费者的理想自我，进而提高了消费者的购买意愿。

H4：网红代言激发了消费者的现实自我，进而提高了消费者的购买意愿。

H5：与广告的功能性诉求相比，采用广告的象征性诉求，明星代言更能激发消费者的购买意愿。

H6：与广告的象征性诉求相比，采用广告的功能性诉求，网红代言更能激发消费者的购买意愿。

3.4 本章小节

在本章，首先，笔者沿着“自我理论内涵—自我理论类型与演进—自我理论与消费者购买意愿”的思维逻辑系统阐述了理想自我与现实自我的不同以及自我强化理论与自我一致性理论对消费者购买意愿的影响，同时也提出疑问——明星代言与网红代言为什么会激发消费者不同的自我概念？为了回答上述问题，笔者沿着“解释水平理论内涵—解释水平理论应用与认知—解释水平理论与自我概念”的逻辑脉络对解释水平理论基于不同社会距离可引发消费者不同自我概念进行了详细的阐述，为研究假设提出奠定了理论基础。最后，笔者基于明星代言与网红代言对消费者购买意愿的影响、明星代言与网红代言对消费者购买意愿影响的作用机制、广告诉求在明星代言与网红代言对消费者购买意愿影响过程中的调节作用进行了逻辑演绎，提出了本书的6个假设。

第4章　研究设计与研究方法

为了验证本书提出的假设，我们共设计了5个实验，具体如下。

预实验的目的是选取适用于后续正式实验中明星代言广告组和网红代言广告组所需的实验场景操纵材料。

为了验证明星代言与网红代言对消费者购买意愿的影响，我们设计了实验一。在实验中，我们设置了两个实验组和一个对照组，即明星代言广告组和网红代言广告组以及无产品代言人对照组，以期通过验证假设1和假设2来明晰明星代言与网红代言是否会对消费者的购买意愿产生不同影响。

在实验一的基础上，实验二对明星代言与网红代言对消费者购买意愿的中介机制进行了验证。通过实验二，本书需要明晰网红代言与明星代言是否对消费者购买意愿有不同的作用路径，明星代言可以通过激发消费者的理想自我而提高他们的购买意愿，而网红代言可以通过激发消费者的现实自我而提高他们的购买意愿，以期验证假设3和假设4。

为了进一步解释理想自我与现实自我作为中介机制的合理性，我们按照启动效应的方法（priming）设计了实验三，以期从不同的视角来验证明星代言通过理想自我而非现实自我的路径作用于消费者的购买意愿，网红代言通过现实自我而非理想自我的路径作用于消费者的购买意愿，再次对假设3和假设4进行验证。

实验四的目的是验证广告诉求的调节作用，即与无代言人相比，当广告采用象征性诉求时，明星代言更能提升消费者的购买意愿，当广告采用功能性诉求时，网红代言更能提升消费者的购买意愿。实验五检验了广告诉求类型与明星代言和网红代言的匹配对消费者购买意愿的影响，以期验证假设5和假设6。

为了使实验更具科学性、合理性、规范性，我们参考了Roozen，Claeys（2010）和Winterich，Gangwar，Grewal（2018）关于明星代言与对照组、明星代言与专家代言和对照组研究的设计流程和方法。

此外，本书涉及明星代言、网红代言、名人特质、理想自我、现实自我、广告的象征性诉求、广告的功能性诉求和消费者购买意愿的构建与测度。其中，明星代言、网红代言的操控题项根据Bogardus（1925），Berscheid等（1989），Hess（2003），Stever和Lawson（2013）的量表并结合实验场景改编而来，名人特质的题项来自Ohanian（1990），La Ferle和Choi（2005）开发的已被广泛应用的量表，理想自我、现实自我的题项来自Cohen，Aronson，Steele（2016）关于自我形象的量表，广告的象征性诉求与功能性诉求的题项根据Bhat和Reddy（1998）开发的量表结合实验场景改编而来，消费者购买意愿的题项基于Wan，Pfau（2004）和Ma，Gill，Jiang（2015）开发的量表并结合实验情景进行了改编。所有量表的信度和效度均已得到有效验证。

4.1 预实验

在正式实验之前我们进行了预实验，主要目的是为正式实验选择合适的刺激物——明星与网红。为了尽可能地排除干扰结果的混淆变量，以确保实验研究具有较高的信度和效度，同时为了代言人广告具有真实性和可信性，我们均选择真实明星和网红作为实验材料（Biswas，Biswas，Das，2006）。

我们借鉴Sengupta，Goodstein，Boninger（1997）和Biswas，Biswas，Das（2006）等学者对名人较为权威、一致性的选择方法，为本书遴选合适的明星和网红。

首先，基于明星的粉丝量、代言产品类型以及领域内作品数量进行遴选，选出10位不同性别的明星，具有负面新闻的明星不在考虑范围内。

其次，按照明星的遴选方法，我们基于不同平台网红的粉丝量、带货水平以及作品数量，选出10位不同性别的网红，同样，具有负面形象的网红不在研究范围内。

再次，我们邀请了武汉某综合性大学的55名本科生（男性25人，女性30人，平均年龄21.25岁）分别对10位明星和10位网红进行了问卷测试，明星与网红不仅列出了名字，而且还附上了照片，我们借助Python技术和Photoshop工具对明星和网红的照片进行了修正，确保图片的尺寸、亮度、像素、颜色保持一致，尽可能排除其他干扰变量。为了排除被试受明星或网红在知名度、专业度、可信度和吸引力等方面的影响，测试的问卷包含了4个维度（Ohanian，1990；La Ferle，Choi，2005），每个维度包括3到4个题项。为了避免部分被试有高度的名人崇拜现象或极端现象，我们还设置了对明星或网红喜爱程度的题项。

最后，我们基于52份有效问卷的测度，在排除了名人极端崇拜的前提下，选出综合得分最高的赵××、姜××作为女性明星与网红的代言人，同时，我们发现被试在明星和网红的知名度、专业度、可信度和吸引力的感知上并无显著性差异（$M_{明星知名度}=5.112$，$M_{网红知名度}=5.028$，$p=0.457$；$M_{明星专业度}=4.028$，$M_{网红专业度}=4.126$，$p=0.626$；$M_{明星可信度}=5.197$，$M_{网红可信度}=5.141$，$p=0.452$；$M_{明星吸引力}=5.085$，$M_{网红吸引力}=4.887$，$p=0.199$）。男性明星中杨××得分最高、男性网红中刘××得分最高，所以将杨××和刘××作为男性明星与网红的代表，同样我们发现被试在明星和网红的知名度、专业度、可信度和吸引力的感知上并无显著性差异（$M_{明星知名度}=5.510$，$M_{网红知名度}=5.748$，$p=0.470$；$M_{明星专业度}=5.662$，$M_{网红专业度}=5.486$，$p=0.872$；$M_{明星可信度}=5.300$，$M_{网红可信度}=5.431$，$p=0.695$；$M_{明星吸引力}=4.102$，$M_{网红吸引力}=5.411$，$p=0.281$）。这个遴选结果基本符合当前实际的代言情况，以女性明星与女性网红为例，赵××作为当红明星代言品牌超过20个，涉及游戏、数码、手机、家具、奢侈品等多个产品类型，姜××作为知名网红代言产品也涉及互联网、化妆品、手机、汽车、家居等多个类型，因此，选择赵××和姜××作为女性明星与女性网红的代表进行研究具有较为典型的意义。此外，为了更好地让被试在正式实验中辨别明星与网红，借鉴Atkin和Block（1983）的研究方法，我们还会在实验刺激材料后，附加一段关于明星或网红的话语描述。

确定了明星和网红之后，按照本书的操控要求，我们通过网络选择了赵××和姜××的正面照片，同时为了避免其他干扰变量，我们利用Python技术和Photoshop工具对照片进行了修正，力求图片的尺寸、亮度、像素、颜色保持一致，产品照片同样进行了类似处理，最后利用Photoshop工具将明星、网红图片与产品图片进行拟合，明星、网红、产品在每张图片中位置保持一致，明星或网红在图片左边以较大图像呈现，而产品在图片右边以较小图像出现，这样设计的目的是增加被试对产品代言人的关注，并留下印象。

4.2 实验一

实验一将初步探索明星代言和网红代言与消费者购买意愿之间的关系，即验证被试对明星与网红代言产品广告的真实反应。为了实现实验一的目的，我们通过情景实验法来验证假设，本实验选取明星与网红代言的同款洗面奶产品，洗面奶使用虚拟品牌×，这样不会与现有品牌产生任何关联，从而确保实验操纵的有效性。此外，选择的被试以在校大学生为主，一方面，在校大学生正处于价值观塑造和个性形成阶段，更容易受到偶像的影响；另一方面，在校大学生对于追星、刷微博、看直播有较高的兴趣，更容易通过多种渠道接触到明星或网红。

4.2.1 实验设计与方法

实验一的流程具体设计如下。首先，被试被随机分配到明星代言组、网红代言组和不加任何代言人的产品组（对照组），如图4-1所示，被试会阅读到如下情景材料“假如您想要购买一款洗面奶，您在浏览某知名购物网站时，恰巧发现明星/网红正在为知名品牌×的洗面奶做广告宣传或无代言人的广告宣传”，其中，明星代言刺激材料有一段描述，“赵××是现在的一线明星，被称为当红花旦，位居最受大众喜爱的明星前列”，网红代言材料同样也有一段描述，“姜××是拥有大量粉丝的网红，被评为人气网红，位居最受大众喜欢的网红前列”。为了排除被试受明星或网红在知名度、专业度、可信度和吸引力等方面的影响，本实验设计如下题项：该名人具有广泛的知名度，该名人是有资格代言这款产品的，该名人有较丰富的相关知识，该名人对这款产品经验丰富，该名人是有专业性的，该名人是可信赖的，该名人是真诚的，该名人是诚实的，该名人是可靠的，该名人是有吸引力的，该名人是仪表出众的，该名人是漂亮的（英俊的），该名人是优雅的，该名人是性感的，题项来自Ohanian（1990），La Ferle和Choi（2005）开发的已被广泛应用的名人特质量表。然后，为了验证实验情景的操控是否有效，让被试在观看明星、网红和无代言人的产品广告后，要求他们根据真实感受对测量题项打分，主要涉及该名人偶尔与粉丝进行互动交流，并保持神秘感，该名人被当作偶像，距离感较大，该名人具有个人形象、公益形象、社会形象、商业形象，该名人具有权威性，该名人频繁与粉丝进行交流互动，具有亲民性，该名人频繁与粉丝进行交流互动，具有亲民性，该名人具有个人形象、商业形象，该名人非常接地气，测量题项根据Bogardus（1925），Berscheid等（1989），Hess（2003），Stever和Lawson（2013）的量表并结合实验场景改编而来。接下来，看完情景刺激图片之后，被试还需要对明星、网红或无代言人产品的购买意愿打分，题目涉及“我愿意进一步了解该产品的信息”“我愿意保存该产品的信息以备选购时参考”“我会喜欢这个广告推荐的这款产品”“我愿意跟大家分享、讨论并推荐该产品”。购买意愿的题项结合实验情景并根据Wan，Pfau（2004）和Ma，Gill，Jiang（2015）开发的量表进行改编，主要测量被试对产品的购买倾向的可能性程度。本书实验所用量表均采用李克特七点量表，1代表非常不同意，7代表非常同意。再次，被试的性别、年龄、学历等人口统计变量信息也在收集的范围之内。最后，实验完成后，每一位被试均获得一份精美的小礼品，以示感谢。

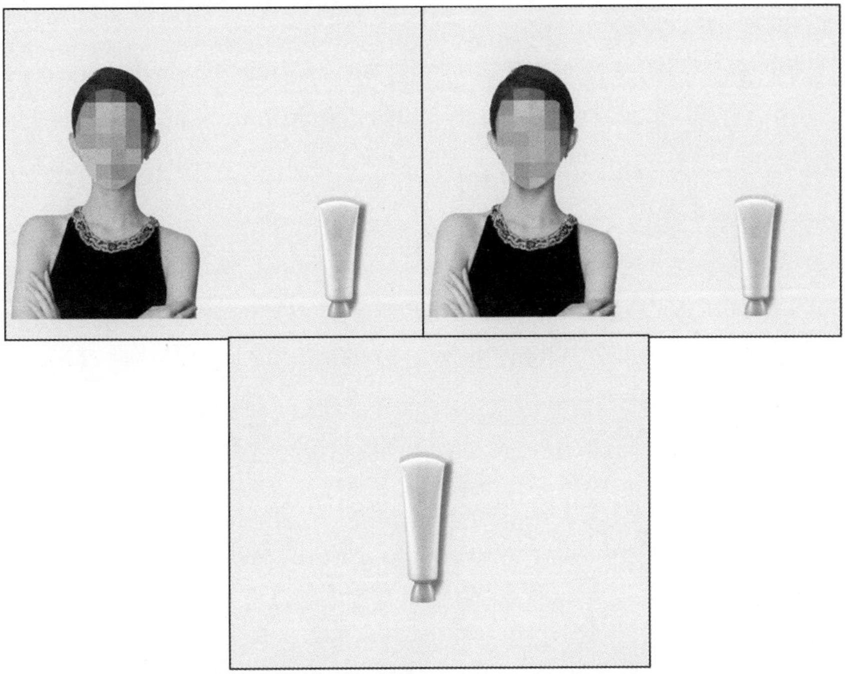

图4-1 实验一中的刺激材料（考虑到肖像权，本书对照片进行了虚化处理）

本实验共测试了120名武汉某综合性高校的大学生，经过不合格样本筛选后，共有112份有效问卷，其中男生占比37.5%，女生占比62.5%，平均年龄为20.372岁（SD=2.137）。由于学生样本的教育背景和经济背景大致相似，可以排除调查样本中的一些不确定干扰因素。同时，学生群体较为普遍，因此，更容易接近和调研。

4.2.2 实验结果

4.2.2.1 操控检验

实验一使用了不同的分组控制了被试对明星代言与网红代言广告的感知。首先，根据方差分析表明，由于代言人不同导致了被试对不同代言情景感知的变化。在明星代言产品广告的分组中，被试认为是明星代言产品广告的打分明显高于网红的（$M_{明星代言}=5.224>M_{网红代言}=3.137$；$p<0.001$）。在网红代言产品广告的分组中，被试认为是网红代言产品广告

的打分明显高于明星（$M_{网红代言}=5.874>M_{明星代言}=3.022$；$p<0.001$）。因此，实验一对明星代言广告和网红代言广告的操纵是成功的。其次，被试在明星和网红的知名度、专业度、可信度和吸引力的感知上并无显著性差异（$M_{明星知名度}=5.023$，$M_{网红知名度}=4.994$，$p=0.710$；$M_{明星专业度}=4.175$，$M_{网红专业度}=4.211$，$p=0.680$；$M_{明星可信度}=4.374$，$M_{网红可信度}=4.421$，$p=0.523$；$M_{明星吸引力}=5.006$，$M_{网红吸引力}=4.959$，$p=0.528$）。

4.2.2.2 假设检验

实验一采用了单因素方差分析的方法。分析结果表明，产品代言人不同导致了被试对产品购买意愿的改变［$F(1, 112)=10.720$，$p<0.001$］，明星代言相比无代言人更能提高被试的购买意愿（$M_{明星代言}=4.335>M_{对照}=3.117$，$p<0.001$），网红代言相比无代言人也更能提高被试的购买意愿（$M_{网红代言}=4.216>M_{对照}=3.117$，$p<0.001$），实验结果验证了假设1和假设2。此外，研究结果还显示，被试的购买意愿在明星代言与网红代言的情况下没有显著性差别（$M_{明星代言}=4.335$，$M_{网红代言}=4.216$，$p=0.746$）。

4.2.3 实验一讨论

实验一初步验证了明星代言与网红代言对消费者购买意愿的影响，即均会产生积极正向的作用，同时还验证了明星代言与网红代言对消费者购买意愿的影响没有显著性差异。

在实验一中，我们通过较为真实的实验情景验证了本书的假设1和假设2，但实验一仍然存在着一定的局限性。实验一并没有探究明星代言与网红代言为什么能够促进消费者购买意愿的提升，即明星代言与网红代言对消费者购买意愿影响的作用机制。因此，接下来的实验二将会探究明星代言与网红代言对消费者购买意愿的中介机制。此外，在实验二中我们还更换了产品的类型。

4.3 实验二

通过实验一我们可知，明星代言与网红代言对消费者购买意愿均具有正向影响，且两者没有显著性差异。另外，实验一并没有探究明星代言与网红代言对消费者购买意愿影响的背后机制。因此，实验二的主要目的就是，验证明星代言与网红代言分别可激发消费者自我概念中的理想自我和现实自我，进而提升了消费者的购买意愿。

4.3.1 实验设计与方法

实验二依然选择赵××和姜××作为产品代言人，但实验二中所用产品由洗发水更换为电脑（产品类型替换），同样将电脑品牌虚拟为×，这样不会与现有品牌产生任何关联，从而确保实验操纵的有效性。电脑图片借助Photoshop工具进行处理，确保图片尺寸、亮度、像素、颜色保持一致，再与明星或网红照片进行拟合，明星或网红同样以较大图像在左边显示，产品同样以较小图像在右边呈现。

实验二同样运用情景实验法来验证明星代言与网红代言对消费者购买意愿的作用机制，实验二与实验一所用的场景材料相同（产品更换），且方法、步骤基本一致。首先，被试被随机分配到明星代言组、网红代言组和无任何代言人的产品组（对照组），如图4-2所示。被试会阅读到如下情景材料，“假如您想要购买一款电脑，您在浏览某知名购物网站时，恰巧发现明星/网红正在为知名品牌×的电脑做广告宣传或无代言人的广告宣传”。其中，明星代言的刺激材料有一段描述，“赵××是现在的一线明星，被称为当红花旦，位居最受大众喜爱的明星前列”。网红代言的材料同样也有一段描述，“姜××是拥有大量粉丝的网红，被评为人气网红，位居最受大众喜欢的网红前列”。随后，为了排除被试受明星或网红在知名度、专业度、可信度和吸引力等方面的影响，本实验设计了关于知名度、专业度、可信度和吸引力等方面的题项，要求被试进行打分。然后，为了验证实验情景的操控是否有效，让被试在观看网红、明星和无代言人的产品广告后，要求他们根据真实感受对测量题项打分，看完情景刺激图片之后，被试还需要对明星、网红或无代言人产品的购买意愿打分，题项与实验一完全一致。接下来，要求被试按照Cohen、Aronson和Steele（2016）的量表对现实自我和理想自我进行打分，题项涉及“我能够感受到广告所描述的就是我工作中真实的自我形象”“我能够感受到这个广告对应的就是我现实中的自我状态”“通过广告，我可以客观地联想到工作中的现实自我”“我能够感受到广告所描述的就是我理想中的自我形象”“我能够感受到这个广告反映的就是我完美的自我状态”“通过广告，我可以积极地联想到理想自我”。量表采用李克特七点量表，1代表非常不同意，7代表非常同意。再次，被试的性别、年龄、学历等人口统计变量信息也在收集的范围之内。最后，实验完成后，每一位被试均获得一份精美的小礼品，以示感谢。

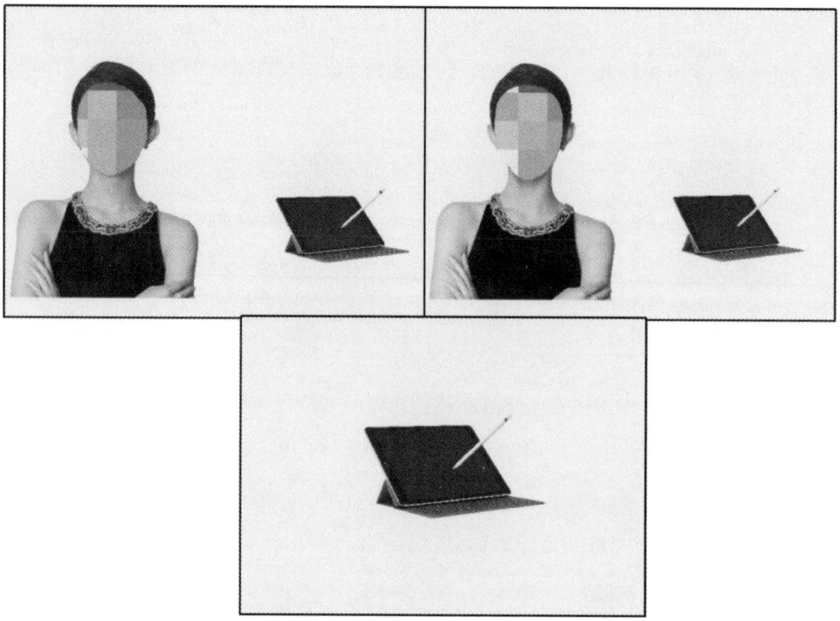

图4-2 实验二中的刺激材料（考虑到肖像权，本书对照片进行了虚化处理）

本实验共测试了150名武汉某综合性高校的大学生，经过不合格样本筛选后，共有138份有效问卷，其中男生占比34.056%，女生占比65.944%，平均年龄为21.445岁（SD=1.77）。

4.3.2 实验结果

4.3.2.1 操控检验

实验二使用了不同的分组控制了被试对明星与网红代言产品广告的

感知。首先，在明星代言产品广告的分组中，方差分析表明，被试认为是明星代言产品广告的打分明显高于网红（$M_{明星代言}=5.230>M_{网红代言}=3.648$，$p<0.001$）。在网红代言产品广告的分组中，被试认为是网红代言产品广告的打分明显高于明星（$M_{网红代言}=5.117>M_{明星代言}=3.393$，$p<0.001$）。因此，实验二对明星与网红代言的操纵是成功的。其次，被试在明星和网红的知名度、专业度、可信度和吸引力的感知上并无显著性差异（$M_{明星知名度}=5.014$，$M_{网红知名度}=4.939$，$p=0.345$；$M_{明星专业度}=4.277$，$M_{网红专业度}=4.291$，$p=0.876$；$M_{明星可信度}=4.324$，$M_{网红可信度}=4.270$，$p=0.501$；$M_{明星吸引力}=5.089$，$M_{网红吸引力}=4.993$，$p=0.251$）。

4.3.2.2 假设检验

通过单因素方差分析，产品代言人不同导致了被试对产品购买意愿的变化［$F(1, 138)=20.812$，$p<0.001$］，明星代言相比无代言人更能提高被试的购买意愿（$M_{明星代言}=4.983>M_{对照}=3.542$，$p<0.001$），网红代言相比无代言人亦更能提高被试的购买意愿（$M_{网红代言}=4.971>M_{对照}=3.542$，$p<0.001$）。此外，我们还发现，产品类型由洗发水更换为电脑后，消费者的购买意愿（$M_{明星代言}=4.983$，$M_{网红代言}=4.971$，$p=0.933$）在明星代言与网红代言的两种情形下没有显著性差异。

本书提出自我概念是明星代言与网红代言影响消费者购买意愿的中介机制，即消费者的理想自我是明星代言影响消费者购买意愿的中介变量，而现实自我是网红代言影响消费者购买意愿的中介变量。囿于因果逐步分析法在检验程序和检验分析方面的问题，本书借鉴当今心理学、社会学、营销学等领域的国际顶尖期刊常用的中介效应检测方法——Bootstrap方法。在样本量选择了5 000个，95%的置信区间条件下，理想自我在明星代言产品广告中的中介效应是显著的（如图4-3所示），因为其间隔不包括0（BootLLCI=0.460，BootULCI=1.013）。而现实自我在这一情景下的中介效应不显著，因为它的间隔包含0（BootLLCI=-0.052，BootULCI=0.135）。结果表明，明星代言仅会刺激被试产生理想自我。相反，现实自我在网红代言产品广告中的中介效应的间隔不包括0（BootLLCI=0.608，BootULCI=0.882），表明其中介效应是显著的（如图4-4所示）。而理想自我的间隔包含0（BootLLCI=-0.067，

BootULCI=0.231），说明其中介效应不显著，可见网红代言仅会刺激被试产生现实自我。基于对实验结果的分析可知，这些结果支持了假设3和4。

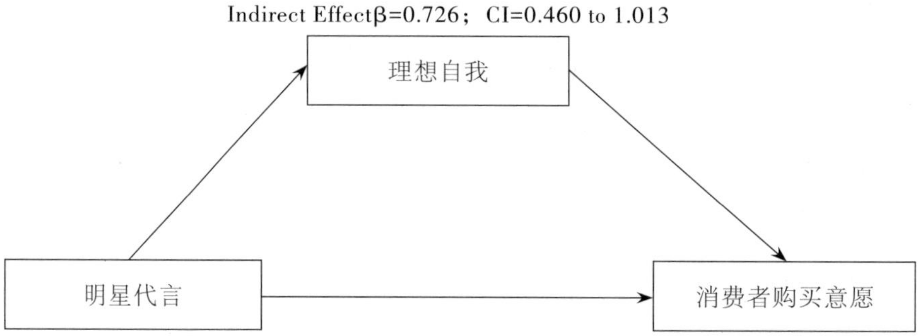

图4-3 明星代言对消费者购买意愿的中介分析

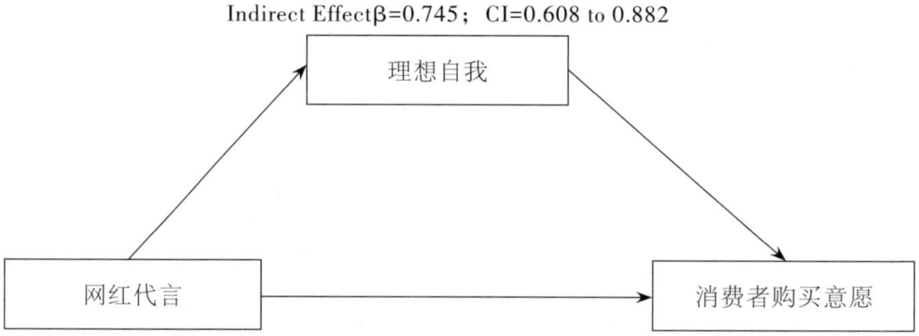

图4-4 网红代言对消费者购买意愿的中介分析

综上，很明显，消费者的自我概念是连接明星代言和网红代言与消费者购买意愿的桥梁。受明星代言与网红代言的刺激产生的消费者自我概念，是提高消费者购买意愿的关键因素。

4.3.3 实验二讨论

实验二的目的在于验证明星代言与网红代言对消费者购买意愿的中介作用，研究发现明星代言通过激发消费者理想自我而提升其购买意愿，而网红代言通过激发消费者现实自我而提升其购买意愿，验证了假设3和假设4，同时，进一步验证了假设1和假设2。为了再次验证理想自我与现实自我中介作用的合理性，我们借助启动效应的方法（priming）设计了实验三，以期从不同的视角来验证明星代言通过理想自我而非现实自我的路径作用于消费者购买意愿，网红代言通过现实自我而非理想自我路径作用于消费者购买意愿。此外，在实验三中，我们将明星与网红的性别由女换为男，产品类型也进行了相应的替换。

4.4 实验三

基于实验二可知，明星代言与网红代言分别可激发消费者自我概念中的理想自我和现实自我，进而提升了消费者的购买意愿。为了进一步验证中介机制的合理性，我们参考Kettle和Gerald Häubl（2011）的方法，利用相关情景来激活理想自我和现实自我，进一步验证了明星代言与网红代言对消费者购买意愿的作用机制。在实验三中，我们借鉴Graeff（1997）设计的公共场合与私人场合喝啤酒的情景材料来刺激理想自我和现实自我。这也是较为常用的刺激自我形象的一种方法。

基于本书3.3节的逻辑演绎可知，明星代言会激发消费者的理想自我，网红代言会激发消费者的现实自我，进而促进了消费者购买意愿的提升。此外，我们也认为，已经激发起理想自我的消费者，看到明星代言的广告，进而更愿意购买其代言的产品，如果已经激发起现实自我的消费者，看到网红代言广告，进而更愿意购买其代言的产品。基于这样的逻辑路径，我们设计了实验三，再次验证了理想自我与现实自我在明星代言与网红代言对消费者购买意愿影响过程中的中介作用。

4.4.1 实验设计与方法

在实验三中，我们继续更换实验刺激材料，实验一、二中的女明星与女网红替换为男明星与男网红，预实验中已经选出的男明星与男网红——杨××与刘××。实验室三选择洗发水替换实验二中的电脑（产品类型改变），将产品的品牌虚拟为×，这样不会与现有品牌产生任何关联，从而确保实验操纵的有效性。基于预实验中照片处理和照片拟合的方法与原则，将杨××、刘××的照片与洗发水的照片进行拟合，形成了实验三的刺激材料。

实验三通过2 × 3的组间设计，即自我（理想自我VS现实自我）× 产品代言人（明星VS网红VS对照），再次对中介机制的合理性进行验证。首先，借助Graeff（1997）设计的理想自我和现实自我刺激的情景、材料与方法，我们将被试随机分配到理想自我组和现实自我组，然后要求被试阅读刺激理想自我和现实自我的材料。理想自我材料如下，“想象一下，您和您的朋友在餐厅、酒吧、休息室或其他公共场所，这时您正在考虑买一打啤酒，并决定在上述公开场合喝这种啤酒，也就是说，当您喝这种啤酒的时候，会有很多人看到您以及您喝啤酒的样子”。现实自我的材料如下，“假设您正在考虑买一打啤酒，然后回家悠闲地畅饮，也就是在私人场合喝啤酒，没有其他人在场（不包括家人），这时您可以一边喝，一边看电影，或看自己喜欢的电视节目，甚至看电视转播的体育赛事”。随后要求被试对理想自我和现实自我量表进行打分，包括“我能够感受到场景所描述的就是我真实的形象”“我能够感受到场景对应的就是我现实中的自我状态”“通过场景，我可以客观地联想到工作中现实的自我”“我能够感受到场景所描述的就是我理想中的自我形象”“我能够感受到场景中反映的就是我完美的自我状态”“通过场景，我可以积极地联想到理想的自我”。题项来自Cohen，Aronson，Steele（2016）设计开发的自我概念量表。随后，被试将会看到不同的实验刺激材料，如图4-5所示，“假如您想要购买一款洗发水，您在浏览某知名购物网站时，恰巧发现明星/网红正在为知名品牌×的洗发水做广告宣传或无代言人的广告宣传”。其中，明星代言的刺激材料中有一段描述，“杨××是现在的一线明星，被称为当红小生，位居最受大众喜爱的明星前列”。网红代言的材料同样也有一段描述，“刘××是拥有大量粉丝的网红，被评为人气网红，位居最受大众喜欢的网红前列”。随后，为了排除被试受明星或网红在知名度、专业度、可信度和吸引力等方面的影响，本实验设计了关于知名度、专业度、可信度和吸引力等方面的题项，要求被试进行打分。然后，为了验证实验情景的操控是否有效，让被试在观看明星、网红和无代言人的产品广告后，要求他们根据真实感受对测量题项打分。此外，看完情景刺激图片之后，被试还需要对明星、网红或无代言人产品的购买意愿打分，量表采用李克特七点量表，1代表非常不同意，7代表非常同意。再次，被试的性别、年龄、学历等人口统计变量信息也在收集的范围之内。最后，实验完成后，每一位被试均获得一份精美的小礼品，以示感谢。

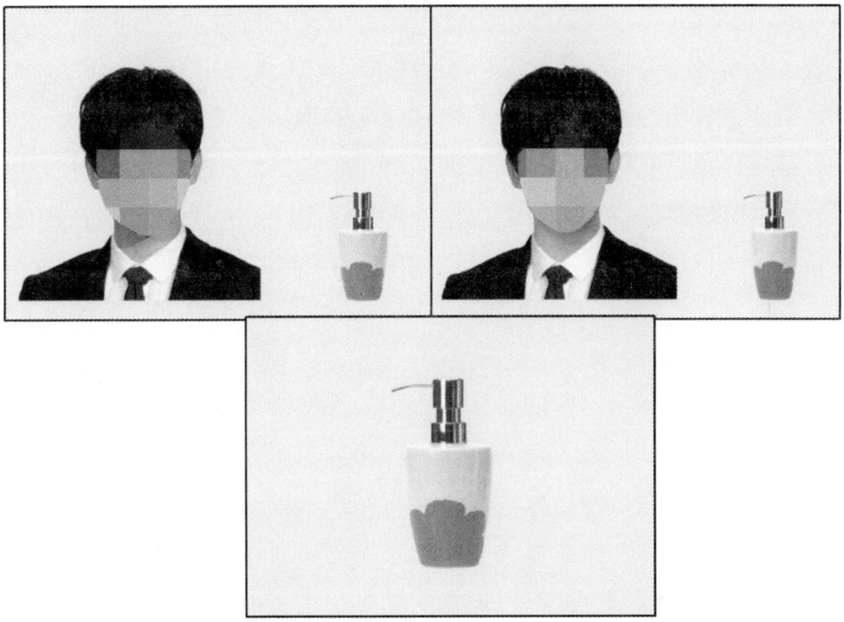

图4-5　实验三中的刺激材料（考虑到肖像权，本书对照片进行了虚化处理）

本实验共测试了200名武汉某综合性高校的大学生，经过不合格样本筛选后，共有174份有效问卷，其中男生占比43.678%，女生占比56.322%，平均年龄为22.45岁（SD=1.971）。

4.4.2　实验结果

4.4.2.1　操控检验

实验三使用了不同的分组控制了被试对理想自我和现实自我的感知。首先，方差分析表明，在现实自我的分组中，被试认为是现实自我的打分明显高于理想自我（$M_{现实自我}=5.131>M_{理想自我}=3.582$，$p<0.001$）。在理想自我的分组中，被试认为是理想自我的打分明显高于现实自我（$M_{理想自我}=5.174>M_{现实自我}=3.242$，$p<0.001$）。因此，实验三对被试理想自

我与现实自我的操纵是成功的。

其次，实验三使用了不同的分组控制了被试对明星代言与网红代言产品广告的感知。在明星代言产品广告的分组中，被试认为是明星代言产品广告的打分明显高于网红（$M_{明星代言}=4.460>M_{网红代言}=4.152$，$p<0.001$）。在网红代言产品广告的分组中，被试认为是网红代言产品广告的打分明显高于明星（$M_{网红代言}=4.991>M_{明星代言}=4.521$，$p<0.001$）。方差分析表明，实验三对明星代言和网红代言的操纵是成功的。

最后，被试在明星和网红的知名度、专业度、可信度和吸引力的感知上并无显著性差异（$M_{明星知名度}=5.023$，$M_{网红知名度}=4.994$，$p=0.710$；$M_{明星专业度}=4.141$，$M_{网红专业度}=4.074$，$p=0.419$；$M_{明星可信度}=4.479$，$M_{网红可信度}=4.310$，$p=0.097$；$M_{明星吸引力}=4.567$，$M_{网红吸引力}=4.574$，$p=0.949$）。

4.4.2.2 假设检验

实验三将刺激材料中的女性明星与女性网红更换为男性明星与男性网红，产品由电脑更换为洗发水，继续验证本研究提出的消费者自我概念是影响明星代言与网红代言对消费者购买意愿的中介机制，即被试在理想自我状态下更倾向于选择明星代言产品，而在现实自我状态下更倾向于选择网红代言的产品。根据方差分析结果，消费者自我概念与产品代言类型的交互效应显著［$F(1, 178)=26.699$，$p<0.001$］。具体而言，被试在理想自我的情况下，相比网红代言和对照组，明星代言产品广告更能激发他们的购买意愿（$M_{明星代言}=5.155>M_{网红代言}=4.460>M_{对照}=3.610$，$p<0.001$）（如图4-6所示）。被试在现实自我的情况下，相比明星代言和对照组，网红代言产品广告更能激发他们的购买意愿（$M_{网红代言}=5.227>M_{明星代言}=5.022>M_{对照}=3.872$，$p<0.001$）。数据结果分析表明，对于激发起理想自我的消费者，看到明星、网红以及无代言人的广告时，更愿意购买由明星代言的产品，对于激发起现实自我的消费者，看到明星、网红以及无代言人的广告时，更愿意购买由网红代言的产品。故明星代言通过理想自我而非现实自我的路径作用于消费者的购买意愿，而网红代言通过现实自我而非理想自我的路径作用于消费者的购买意愿。实验三从另一个视角再次验证了假设3和假设4。综上，消费者的自我概念是连接明星代言和网红代言与消费者购买意愿的桥梁，消

费者的自我概念是提高其购买意愿的重要因素。

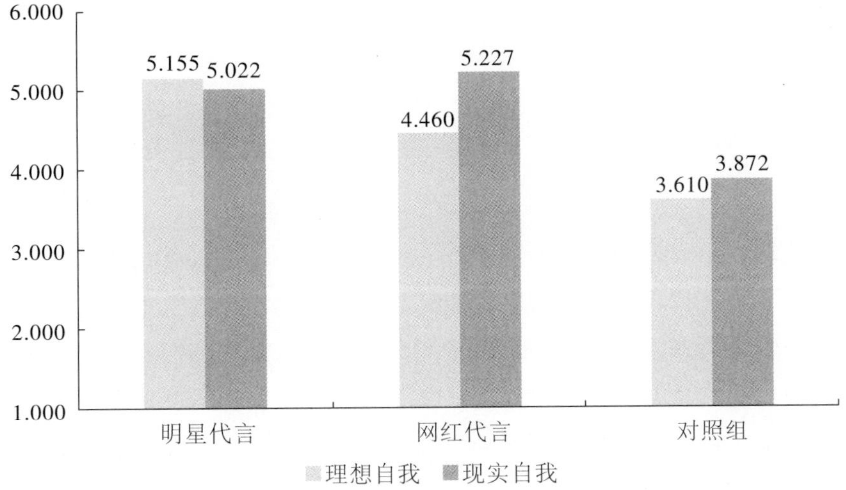

图4-6　代言人类型和自我概念类型对消费者购买意愿的影响

4.4.3　实验三讨论

实验三基于启动效应的方法（priming）再次对实验二中的明星代言与网红代言对消费者购买意愿的作用机制的合理性进行了验证。实验三的结果表明，被试在理想自我被激活的情况下，与网红代言和对照组相比，明星代言产品广告更能激发他们的购买意愿，当被试在现实自我被激活的情形下，相比明星代言和对照组，网红代言产品广告更能激发他们的购买意愿。基于实验三的结果剖析，我们从另一个视角验证了，明星代言通过理想自我的路径提升了消费者的购买意愿，而非现实自我路径，网红代言通过现实自我的路径提升了消费者的购买意愿，而非理想自我路径。因此，实验三从其他视角再次验证了假设3和假设4。然而实验一、二、三都没有涉及明星代言与网红代言的适用范围，我们将在实验四中验证广告诉求在明星代言与网红代言对消费者购买意愿影响过程中的调节效应。

4.5 实验四

为了探究明星代言与网红代言对消费者购买意愿的适用情景，本书引入了象征性诉求和功能性诉求作为调节变量来探究明星代言与网红代言的广告应采用什么类型的语言描述。在本书的文献综述和假设演绎部分，我们基于解释水平理论得出与明星的远社会距离刺激消费者基于抽象的心理表征认知自身激活了理想自我，而网红由于其接地气（近社会距离）刺激消费者以具体的心理表征看待自身激发了现实自我，处于理想自我状态的消费者更愿意去追求产品的象征意义，以表征他们的社会身份、个体形象（Tyler，Degoey，Smith，1996），处于现实自我状态的消费者更愿意去关注产品的工具性、实用性的特征（Kassar，Ryan，1993）。而象征性诉求表达的是产品的非使用功能，更多地体现产品给消费者带来的身份地位、形象个性的表达，功能性诉求表达产品使用功能，体现产品核心功能，突出性能、比较优势。所以在象征性广告诉求情形下，明星代言会激发消费者更高的购买意愿，而在功能性广告诉求情形下，网红代言会激发消费者更高的购买意愿。为了验证假设5和假设6，我们设计了实验四。

4.5.1 实验设计与方法

实验四的明星与网红选取与实验一一致，但产品更换为手机（产品类型替换），同样将手机品牌虚拟为Y，这样不会与现有品牌产生任何关联，从而确保实验操纵的有效性。手机图片借助Photoshop工具进行处理，确保图片尺寸、亮度、像素、颜色保持一致，再与明星或网红照片进行拟合，明星或网红同样以较大图像在左边显示，产品同样以较小图像在右边呈现（如图4-7所示）。

实验四流程的具体设计与实验一、实验二较为类似，不同的是我们增加了调节变量的测度，实验四通过3（产品代言人：网红VS明星VS对照）×2（广告诉求：象征性VS功能性）的组间设计对调节变量进行了验证。具体如下，首先，被试被随机分配到4个实验组和2个对照组

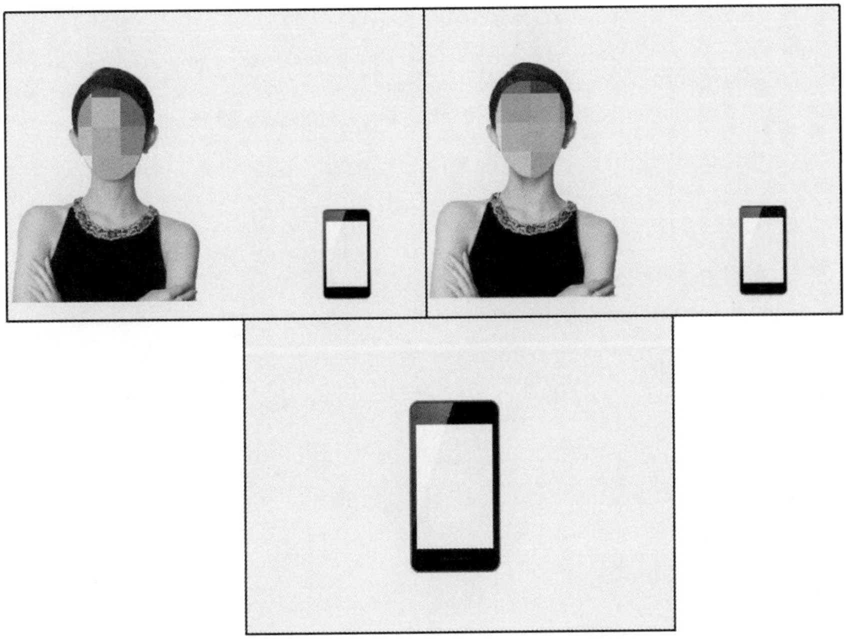

图4-7　实验四中的刺激材料（考虑到肖像权，本书对照片进行了虚化处理）

中，被试会阅读到如下情景材料，“假如您想要购买一款手机，您在浏览某知名购物网站时，恰巧发现明星/网红正在为知名品牌Y的手机做广告宣传或无代言人的广告宣传”。另外，明星代言的刺激材料中有一段关于明星的描述，“赵××是现在的一线明星，被称为当红花旦，位居最受大众喜爱的明星前列”。网红代言的材料中同样也有一段关于网红的描述，“姜××是拥有大量粉丝的网红，被评为人气网红，位居最受大众喜欢的网红前列”。对于不同广告诉求的操控，实验四设计了相关的广告诉求刺激情景，象征性诉求的情景刺激材料为，“这款手机可以使您更有魅力，在人群中充分表达您的个性，塑造您的完美形象，并为您带来极致体验”；功能性诉求的情景刺激材料为，“这款手机绝对好用，运行速度快，续航时间长，充电时间短，拍照超广角，可以满足工作娱乐的多种需求”。然后，为了排除被试受明星或网红在知名度、专业度、可信度和吸引力等方面的影响，本实验设计了关于知名度、专业度、可信度和吸引力等方面的题项，要求被试进行打分。接下来，为了验证实验情景的操控是否有效，让被试在观看网红、明星和无代言人的产品广告后，要求他们根据真实感受对测量题项打分，题项与实验一完全一致。同样，为了验证实验情景的操控是否有效，除需要被试在观看明星或网红代言产品广告后对明星和网红代言的测量题项打分外，还要求他们对广告的象征性诉求与功能性诉求打分。借鉴Bhat和Reddy（1998）的量表，对被试感知到的广告象征性诉求和功能性诉求进行了测量，题项包括“这个广告推荐的产品是为那些想要生活中最美好东西的人准备的”“这个广告推荐的产品能让我在人群中脱颖而出”“这个广告推荐的产品提升了自我形象”“这个广告推荐的产品是为那些想要生活中最实用东西的人准备的”“这个广告推荐的产品能给我的生活带来很多便利”“这个广告推荐的产品对我很有用”。量表采用李克特七点量表，1代表非常不同意，7代表非常同意。随后，被试需要完成对明星或网红代言产品购买意愿的打分，题项与实验一完全一致。再次，被试的性别、年龄、学历等人口统计变量信息也在收集的范围之内。最后，实验完成后，每一位被试均获得一份精美的小礼品，以示感谢。

本实验共测试了300名武汉某综合性高校的大学生，经过不合格样本筛选后，共有283份有效问卷，其中男生占比48.805%，女生占比51.195%，平均年龄为22.99岁（SD=1.873）。

4.5.2 实验结果

4.5.2.1 操控检验

首先，为了验证明星代言产品广告与网红代言产品广告对被试的不同影响，实验四使用了不同的分组控制了被试对明星和网红代言产品广告的感知。在明星代言产品广告的分组中，被试认为是明星代言产品广告的打分明显高于网红（$M_{明星代言}=5.063>M_{网红代言}=3.567$，$p<0.001$）。在网红代言产品广告的分组中，被试认为是网红代言产品广告的打分明显高于明星（$M_{网红代言}=5.267>M_{明星代言}=3.326$，$p<0.001$）。方差分析表明，实验四对明星代言和网红代言的操纵是成功的。

其次，被试对广告的功能性诉求和象征性诉求的感知也存在显著性差异。在广告的象征性诉求分组中，广告的象征性诉求的打分显著高于广告的功能性诉求（$M_{象征性诉求}=4.387>M_{功能性诉求}=3.641$，$p<0.001$）。在广

告的功能性诉求分组中，广告的功能性诉求的打分显著高于广告的象征性诉求（$M_{功能性诉求}=4.891>M_{象征性诉求}=3.554$，$p<0.001$）。因此，数据结果表明实验四对被试感知广告诉求类型的操纵也是成功的。

最后，被试在明星和网红的知名度、专业度、可信度和吸引力的感知上并无显著性差异（$M_{明星知名度}=4.549$，$M_{网红知名度}=4.427$，$p=0.818$；$M_{明星专业度}=4.164$，$M_{网红专业度}=4.105$，$p=0.410$；$M_{明星可信度}=4.485$，$M_{网红可信度}=4.467$，$p=0.518$；$M_{明星吸引力}=4.985$，$M_{网红吸引力}=4.867$，$p=0.854$）。

4.5.2.2 假设检验

通过明星代言和网红代言与产品广告诉求类型的交互作用检验，结果说明调节作用显著［$F(1,283)=26.699$，$p<0.001$］。具体而言，在广告的象征性诉求情况下，明星代言产品广告对被试购买意愿影响（$M_{明星代言}=5.463$）显著高于网红代言产品广告（$M_{网红代言}=4.476$）和对照组（$M_{对照}=3.238$）（$p<0.001$）（如图4-8所示）。在广告的功能性诉求情形下，网红代言产品广告对被试购买意愿影响（$M_{网红代言}=4.877$）显著高于明星代言产品广告（$M_{明星代言}=4.169$）和对照组（$M_{对照}=3.416$）（$p<0.001$）。由此可见，基于不同广告诉求类型的作用，明星代言与网红代言对消费者购买意愿的影响具有差异性。一方面，在广告的象征性诉求情形下，明星代言更能激发消费者的购买意愿，即广告的象征性诉求与明星代言更为匹配，在广告的功能性诉求情形下，网红代言更能激发消费者的购买意愿，即广告的功能性诉求与网红代言更为匹配，由此验证了假设5和假设6。

4.5.3 实验四讨论

实验四在实验一、实验二、实验三的基础上，引入了调节变量——广告诉求（象征性诉求和功能性诉求），探究了明星代言与网红代言对消费者购买意愿影响的适用情景，即广告象征性诉求与明星代言相结合，更有利于提升消费者购买意愿，而广告的功能性诉求与网红代言相结合，更有利于提升消费者的购买意愿。

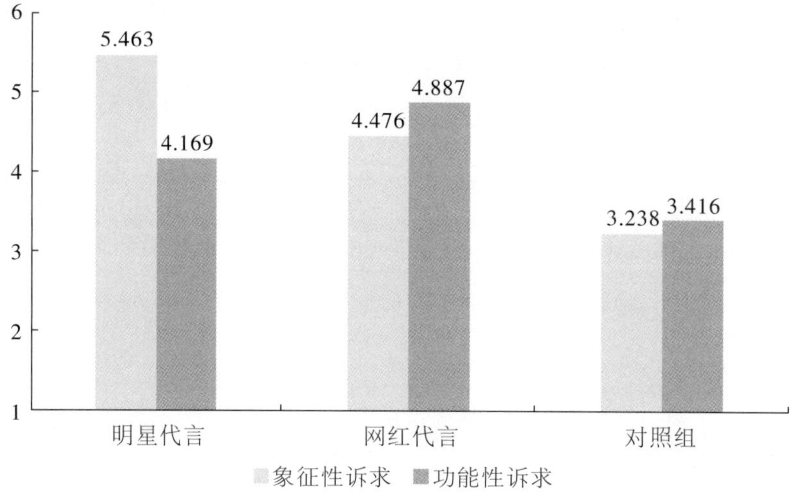

图4-8 代言人类型和广告诉求方式对消费者购买意愿的影响

第5章　总体结论

5.1　研究总结

伴随着社交媒体的迅猛发展，网红群体开始强势崛起，网红因其较强的带货能力和凸显的经济效应，已有企业选择网红代言来进行产品推广。虽然网红与明星同属于名人范畴，两者具有较高的相似性（Srinivasan，Srinivasa，Thulasidasan，2013），但亲民性与接地气还是将两者彻底区分开来（Stever，Lawson，2013；Chung，Cho，2014），可见网红代言是一种新型的广告代言类型。同时，关于网红的研究并没有聚焦网红代言的影响，少量的关于网红对消费者购买意愿影响的文献也是基于网红与名人或网红与网店集合体的研究，并没有将其剥离开来（Jin，Phua，2014）。另外，鉴于明星代言占据产品代言市场的主流阵地，但具有较多不确定性因素，所以，明星代言与不同类型代言对消费者购买意愿的影响成为理论界关注的重点，然而研究聚焦点并没关注到明星代言与网红代言对消费者购买意愿的影响。可见，当前还缺少关于明星代言与网红代言对消费者购买意愿探究的文献，这不仅不能为企业是否选择网红作为产品代言人提供理论支撑，还不利于深入认识网红代言。鉴于此，本书通过对明星代言、网红代言、广告诉求相关文献的梳理以及对解释水平理论、自我理论的阐述，以明星代言和网红代言为研究对象，提出了本书需要解决的3个关键问题：首先，网红代言是否像明星代言一样可提高消费者的购买意愿；其次，明星代言与网红代言对消费者购买意愿的作用中介机制是什么；最后，作为调节变量，广告诉求结合明星代言与网红代言是如何影响消费者购买意愿的。为了回答上述3个问题，本书借助情景实验法，通过4个实验对上述3个问题进行了较为详尽的解答，得出如下结论：与明星代言一样，网红代言也可提升消费者的购买意愿，网红代言和明星代言激发了消费者不同的自我概念，进而提升了消费者的购买意愿，广告的象征性诉求和功能性诉求与明星代言和网红代言的交互作用对消费者购买意愿具有重要的影响。主要研究结论详述如下：

（1）网红代言与明星代言一样，同样提升了消费者的购买意愿。本书通过实证分析检验了明星代言与网红代言对消费者购买意愿的影响，情景实验结果发现，与无代言人相比，明星代言提升了消费者的购买意愿（H1），同样，与无代言人相比，网红代言也提升了消费者的购买意愿（H2），且这两种代言类型对消费者购买意愿的影响没有显著性差异。我们认为，产生这种结果的原因主要是明星和网红均属于名人，名人可信度、知名度和专业度同样适用于网红，具有一定可信度、知名度和专业度的网红可增加消费者对其自身的信赖和对其推荐信息的信任，进而提升了消费者的购买意愿。此外，网红因与消费者进行实时零距离的互动，消费者更愿意将网红视为自己的亲朋好友，社会距离较小，网红的“能指”意义较强，即网红多是将产品核心功能与比较优势等产品信息传递给消费者，消费者因与网红的亲密性而对其推荐的信息信任感较强，最终使得消费者更愿意购买网红代言的产品。

（2）明星代言与网红代言分别激发了消费者不同的自我概念——理想自我和现实自我。本书通过实证分析发现，明星代言能够激发消费者的理想自我（H3），而网红代言可激发消费者的现实自我（H4），刺激产生不同自我概念的消费者个体为了实现自我一致性和自我的延伸，进而会对明星与网红代言的产品产生较高的购买意愿。由于明星与消费者社会距离较远，基于解释水平理论，消费者会以抽象的、核心的、本质的、主要的、目的性的心理表征认知自己，看到的是“遥远距离的自己”，此时激发消费者的理想自我。而网红与消费者社会距离较近，基于解释水平理论，消费者会以表面的、具体的、情景的、功能性的心理表征认知自己，看到的是具体化的自己，此时激发消费者的现实自我。当理想自我被激发时，消费者为了巩固已经激发的自我形象，实现自我形象的延伸，会更愿意购买明星代言的产品，当现实自我被激发时，消费者为了维持现实自我，会购买网红代言的产品，以实现自我形象与产品形象的一致性。

（3）广告的象征性诉求和功能性诉求与明星代言和网红代言较好地匹配，有利于促进消费者购买意愿的提升。实证研究发现，与广告的功能性诉求相比，在广告的象征性诉求情形下，明星代言更能激发消费者的购买意愿（H5）；与广告的象征性诉求相比，在广告的功能性诉求情形下，网红代言更能激发消费者的购买意愿（H6）。由于明星与消费者社会距离较远，明星代言激发了消费者的理想自我，处于理想自我状态下的消费者为了增强表达个性、展现身份、塑造形象的需求，转而追求产品给自己带来的个性表达、身份表征和形象塑造的回报，广告的象征性诉求侧重通过产品表达一种生活方式、社会地位和符号意义，所以广告的象征性诉求与明星代言匹配会激发起消费者对明星代言产品的购买意愿，以更好地实现理想自我的延伸和与理想自我保持一致性。同理，网红代言激发了消费者的现实自我，处于现实自我状态下的消费者追求产品给自己带来的工具性、实用性功能的回报，广告的功能性诉求注重告知消费者产品的主要功能、突出性能、对比优势，所以广告的功能性诉求与网红代言匹配会激发起消费者对网红代言产品的购买意愿，以更好地实现现实自我的延伸和与现实自我保持一致性。

5.2 研究启示

5.2.1 理论贡献

本书的理论贡献主要体现在以下四个方面：

第一，丰富了名人代言效用方面的研究。本书从明星代言效用切入，回应了备受企业重视且与其他代言类型完全不同的网红代言对消费者购买意愿的影响。基于实验一到实验三的研究结果，我们发现网红代言同样可提升消费者的购买意愿，且与明星代言对消费者购买意愿的影响没有显著性差异，这不仅深化了网红代言方面的研究，也完善了名人代言理论，还对企业关心的是否应该选择网红作为产品代言人提供了理论支撑。

第二，探究了明星与网红的特质。现有的名人划分多是基于专业性、知名度、可信度三个维度进行的（Buhr，Simpson，Pryor，1987），然而由于网红同样具有一定的专业性、知名度、可信度（Srinivasan，Srinivasa，Thulasidasan，2013），某些网红的专业性、知名度甚至高于某些明星（Khamis，Ang，Welling，2017），所以需要探究新的可区分明星与网红的特质或维度。本书通过文献梳理发现，接地气或亲民性是划分明星和网红的最根本的维度（Stever，Lawson，2013；Chung，Cho，2014）。接地气或亲民性从根本上反映了消费者与明星或网红的社会距离，因此，借助社会距离可较为清晰地将明星与网红区分开来，这也为研究明星代言与网红代言刺激不同的自我概念提供了一个新的研究视角，还拓展了解释水平理论的应用范围。

第二，揭示了明星代言与网红代言对消费者购买意愿影响的作用机制。本文运用了两个实验，揭示了明星代言与网红代言对消费者购买意愿影响的作用机理。在实验二和实验三中，我们分别借助Bootstrap方法和启动效应的方法（priming）对明星代言与网红代言对消费者购买意愿的中介效应进行交互验证。我们发现明星代言只会激活消费者的理想自我，为了维持理想自我概念或保持与理想自我形象的一致性，消费者更愿意购买明星代言的产品，而网红代言只会激发消费者的现实自我，为了维持现实自我或保持与现实自我的一致性，消费者更愿意购买网红代言的产品。运用自我理论不仅能更好地阐述清晰复杂多变营销场景下网红代言对消费者购买意愿的作用机制，而且也丰富了明星代言对消费者购买意愿的解释机制，还拓展了自我理论的应用范围。

第四，探明了广告诉求与明星代言与网红代言的匹配对消费者购买意愿的影响。我们引入广告诉求中的象征性诉求和功能性诉求作为明星代言与网红代言对消费者购买意愿影响的调节变量，基于实验四的交互结果发现，相对于广告的功能性诉求，广告的象征性诉求与明星代言更为匹配，更容易激发消费者对明星代言产品的购买意愿，相对于广告的象征性诉求，广告的功能性诉求与网红代言更为匹配，更容易激发消费者对网红代言产品的购买意愿，这不仅为明星代言与网红代言对消费者购买意愿的影响探明了适用场景，而且也拓展了广告的象征性诉求与功能性诉求应用范围，还为研判是广告的象征性诉求还是功能性诉求的效用更优提供了新的视角。

综上所述，本书一方面丰富了名人代言对消费者购买意愿的相关研究，另一方面也对自我理论研究进行了有益的补充，此外拓展了解释水平理论的应用范围，延伸了广告诉求的研究范围。最后，采用4个实验进一步验证了本书的理论假设，从而提高了研究结论的说服力和可信度。

5.2.2 管理启示

本书为企业选择产品代言人、合理进行广告诉求方式与代言人的匹配、基于场景激发自我概念提升消费者购买意愿提供了一定的参考和指导，具体表现为以下三个方面。

伴随着网红群体的强势崛起，网红已从社交媒体产品推荐转向多个媒体平台进行产品代言，与此同时明星也开始借助社交媒体进行产品代言。因此，在明星代言与网红代言并存的情形下，企业在进行产品推广时，应选择明星代言还是网红代言呢？我们发现，与无代言人相比，明星代言可提高消费者的购买意愿，网红代言亦可提高消费者的购买意愿，且两者对消费者购买意愿的影响没有显著性差异，这也就意味着企业在进行产品推广时，既可选择明星代言也可选择网红代言。这也与当前营销实践具有一定的吻合性，如奔驰不仅邀请了一线明星，而且也邀请了知名网红为其产品代言，香奈儿、积家（Jaeger-LeCoultre）、奇瑞、花西子、珂拉琪日记等也是如此。

第二，广告诉求的选择与代言人类型的恰当匹配至关重要。尽管企业既可选择明星又可选择网红进行代言，但应与相应的广告诉求类型进行匹配。所以，当企业确定明星作为代言人时，应选择广告的象征性诉求，两者匹配有助于提升消费者的购买意愿，因为明星代言可激发理想自我，处于理想自我状态的消费者更喜欢广告的象征性诉求，两者结合刺激消费者更愿意购买明星代言的产品，也在一定程度上促使消费者实现理想自我维持、强化、延伸以及保持理想自我形象的一致性。以手表为例，选择明星代言时，广告应如下表达，“戴上它，您就拥有了优雅的人生！”。当企业遴选网红作为代言人时，应选择广告的功能性诉求，因为网红代言可激发现实自我，处于现实自我状态的消费者更青睐广告的功能性诉求，两者结合刺激消费者更愿意购买网红代言的产品，也在某种程度上促使消费者实现现实自我维持、强化、延伸以及保持现实自我形象的一致性。以手表为例，选择网红代言时，广告应如下表达，“和普通手表没什么不同，就是可以戴着它游泳！”。可见，本书为企业选择广告的象征性诉求或功能性诉求与明星代言和网红代言的匹配提供了一条切实可行的依赖路径。

第三，借助场景刺激消费者不同的自我概念也是企业或商家提升消费者购买意愿的重要途径。基于自我概念是动态的、可塑的，处于被激活不同自我概念的消费者为了维持与自我形象的一致性，会更愿意购买由明星代言或网红代言的产品。因此，对于已经选择明星代言的企业或商家，且当前明星多出现在产品包装上，可借助相关的提示语激发起消费者的理想自我，如使用这款产品，可使您在公共场合下展现独特的个人魅力，塑造完美个人形象；对于已经选择网红代言的企业或商家，也可借助某些提示语激活消费者的现实自我，如您是一位理性的消费者，这款产品的多种功能可以满足您在家庭中的多种需求。因此，本书同样可以为已经选择明星代言或网红代言的企业或商家提供另外的一种提升消费者购买意愿的策略——借助场景激发消费者的理想自我或现实自我。

5.3 研究局限和未来研究方向

5.3.1 研究局限

虽然本书丰富了相关理论，从广度和深度拓展了相关领域的研究，并为企业营销实践提供了有效的依赖路径，但在研究的实施过程中仍存在一定的不足和局限，体现在以下三个方面：

第一，实验场景存在单一性。为了更好地验证明星代言与网红代言对消费者购买意愿的影响，我们将明星代言与网红代言的传播渠道视为同样的、一致的，确保了实验结论的有效性。然而有研究发现广告的效果会因渠道不同而发生变化，如525个广告中只有大约一半的广告信息吸引力保持不变，而另一半则基于不同的媒体渠道而变化（Wang，Kim，Agrusa，2018），那么作为成名于传统媒体的明星和成名于社交媒体的网红，是否也存在明星代言广告与网红代言广告因传播渠道不同而产生对消费者购买意愿影响的差异性，本书并未探明。另外，在实验情景中，我们仅考虑了年轻明星与网红、单一明星代言或网红代言、亲民性区分明星与网红，年龄阶段、明星规模、其他特质是否也会影响明星代言与网红代言对消费者购买意愿的作用，我们还不得而知。

第二，研究方法亦存在一定的单一性。本书所有的实验均为情景实验，情景实验可对较多干扰因素进行严格控制，如照片的尺寸、亮度、像素、颜色等，有利于强化研究结论的内部效度，但研究结论的外部效度较难得到保证，制约了研究结论的可扩展性。在真实的购物场景中（商场），消费者在看到明星代言或网红代言的广告时购买意愿如何表现，我们还无从知晓。

第三，研究数据同样存在一定的单一性。本书所有的数据均来自4个实验获得的一手数据，确保研究结论的有效性，但缺少二手数据对研究结论合理性和可推广性进行交互验证。通过对京东、淘宝、蘑菇街等不同的购物网站代言广告图片或视频分析发现，同一款产品既选择明星代言又选择了网红代言，我们较难厘清消费者是因为看到了明星代言还是网红代言的广告产生了购买意愿，另外在网上商店购买产品还受到其他混淆变量的影响，控制难度较大，所以本书的结论仅是基于对情景实验得到的一手数据的分析，而遗憾地放弃了二手数据的收集与验证。

5.3.2 未来研究方向

网红代言作为一种新生事物，对其研究分析还处于探索阶段，因此，未来围绕着网红代言的研究还有诸多有趣的问题值得深入探讨与挖掘。

第一，研究对象方面，本书考察了女性明星与女性网红、男性明星与男性网红，同时也更换了不同类型的产品，较为全面地验证了明星代言与网红代言对消费者购买意愿的影响。然而拘囿材料的有限性，即网红多集中于18~35岁，年龄较大的网红较少，仅有的年龄较大的网红名气较小，所以较难按照预测试的方法进行排名和遴选。因此，伴随着不同年龄阶段网红的崛起，不同年龄阶段的明星代言与网红代言对消费者购买意愿的影响还有待进一步研究。

第二，调节变量方面，本书仅考察了广告诉求与明星代言和网红代言的交互作用，是否还存在其他调节变量，还值得进一步探索。借鉴已有的相关文献，我们发现消费者文化因素、消费者涉入度、传播渠道、产品消费场景均会与明星代言产生交互作用。那么在网红代言方面，是否也存在这些变量调节网红代言的效用，还有待进一步研究。

第三，代言人组合方面，本书仅研究了单独的明星代言与网红代言的效用和作用机制。当前代言广告中不仅出现一位明星或网红，多是明星组合，也有研究发现明星代言最佳的人数是4到6人（Chen，Chang，Besherat，Baack，2013）。因此，未来的研究中可对明星与网红的组合规模、组合类型对消费者购买意愿的影响进行深入探究。

主要参考文献

[1] 曹颖，符国群．使用者形象一致性及形象强度对品牌延伸的影响［J］．管理学报，2012，9（5）：723-728.

[2] 柴俊武，赵广志，何伟．解释水平对品牌联想和品牌延伸评估的影响［J］．心理学报，2011，43（2）：175-187.

[3] 陈增祥，杨光玉．哪种品牌拟人化形象更受偏爱——归属需要的调节效应及边界［J］．南开管理评论，2017，20（3）：135-143.

[4] 符国群．消费者行为学［M］．武汉：武汉大学出版社，2001.

[5] 沈霄，王国华，杨腾飞，等．我国网红现象的发展历程、特征分析与治理对策［J］．情报杂志，2016，35（11）：93-98.

[6] 石夫磊，王传生．网红电商获利影响因素的系统动力学仿真研究［J］．财经问题研究，2018（10）：66-72.

[7] 陶金国，訾永真．网红模式下消费者购买意愿的影响因素研究［J］．南京财经大学学报，2017（2）：89-95.

[8] 涂方祥，杨晨．企业家的进取精神对企业家代言效果的影响机制研究［J］．中大管理研究，2014，9（1）：76-90.

[9] 文捷敏，余颖，刘学伟，等．基于网络文本分析的“网红”旅游目的地形象感知研究——以重庆洪崖洞景区为例［J］．旅游研究，2019，11（2）：44-57.

[10] 周茂君，宁馨怡．“网红”现象的三维视角解读［J］．学习与实践，2017（2）：133-140.

[11] 周延风，张婷，陈少娜．网红社交媒体传播及消费者情感倾向分析——以网红品牌“喜茶”为例［J］．商业经济与管理，2018（4）：70–80.

[12] AHN T，EKINCI Y，LI G. Self-congruence，functional congruence，and destination choice［J］. Journal of Business Research，2013，66（6）：719–723.

[13] AHMED A，MIR F A，FAROOQ O. Effect of celebrity endorsement on customers' buying behavior：a perspective from Pakistan［J］. Interdisciplinary Journal of Contemporary Research in Business，2012，4（5）：584–592.

[14] ALBERS-MILLER N D，STAFFORD M R. An international analysis of emotional and rational appeals in services vs goods advertising［J］. Journal of Consumer Marketing，1999，16（1）：42–57.

[15] ALTER A L，OPPENHEIMER D M. Effects of fluency on psychological distance and mental construal （or why New York is a large city，but New York is a civilized jungle）［J］. Psychological Science，2008，19（2）：161–167.

[16] ALTER A L，OPPENHEIMER D M. Uniting the tribes of fluency to form a metacognitive nation［J］. Personality and Social Psychology Review，2009，13（3）：219–235.

[17] ANDREU L，CASADO-DÍAZ A B，MATTILA A S. Effects of message appeal and service type in csr communication strategies［J］. Journal of Business Research，2015，68（7）：1488–1495.

[18] ASHLEY C，TUTEN T. Creative strategies in social media marketing：An exploratory study of branded social content and consumer engagement［J］. Psychology & Marketing，2015，32（1）：15–27.

[19] ATKIN C，BLOCK M. Effectiveness of celebrity endorsers［J］. Journal of Advertising Research，1983，23（1）：57–61.

[20] AYEH JULIAN K. Travellers' acceptance of consumer-generated media：An integrated model of technology acceptance and source credibility theories［J］. Computers in Human Behavior，2015，48（10）：173–180.

[21] BAMBAUER-SACHSE S，HEINZLE P. Comparative advertising：Effects of concreteness and claim substantiation through reactance and activation on purchase intentions［J］. Journal of Business Research，2018，84（2）：233–242.

[22] BARON J，RITOV I. Omission bias，individual differences，and normality [J]. Organizational Behavior and Human Decision Processes，2004，94 (2)：74-85.

[23] BARTZ S，MOLCHANOV A，STORK P A. When a celebrity endorser is disgraced：A twenty-five-year event study [J]. Marketing Letters，2013，24 (2)：131-141.

[24] BERSCHEID E，SNYDER M，OMOTO M. The relationship closeness inventory：Assessing the closeness of interpersonal relationships [J]. Journal of Personality and Social Psychology，1989，57 (5)：792.

[25] BHAT S，REDDY K. Symbolic and functional positioning of brands [J]. Journal of Consumer Marketing，1998，15 (1)：32-43.

[26] BILGIN B，BRENNER L. Temporal distance moderates description dependence of subjective probability [J]. Journal of Experimental Social Psychology，2008，44 (3)：890-895.

[27] BISWAS D，BISWAS A，DAS N. The differential effects of celebrity and expert endorsements on consumer risk perceptions [J]. Journal of Advertising，2006，35 (2)：17-31.

[28] BROWN P，STAYMAN M. Antecedents and consequences of attitude toward the ad：A meta-analysis [J]. Journal of Consumer Research，1992，19 (1)：34-51.

[29] BOGARDUS S. Measuring social distance [J]. Journal of Applied Sociology，1925，9 (5)：299-308.

[30] BRUNER C，HENSEL J，JAMES E. Marketing scales handbook：A compilation of multi-item measures for consumer behavior & advertising [M]. Chicago：Thomson Press，2005.

[31] Schouten P，Janssen L，Verspaget M. Celebrity vs. influencer endorsements in advertising：the role of identification，credibility，and product-endorser fit [J]. International Journal of Advertising，2020，39 (2)：258-281.

[32] CALLCOTT F，PHILLIPS J. Observations：elves make good cookies：Creating likable spokes-character advertising [J]. Journal of Advertising Research，1996，36 (5)：73-73.

[33] CAMPBELL C，WARREN C. A risk of meaning transfer：Are negative associations more likely to transfer than positive associations? [J]. Social Influence，2012，7 (3)：172-192.

[34] CARROLL A，AHUVIA C. Some antecedents and outcomes of brand

love [J]. Marketing letters, 2006, 17 (2): 79-89.

[35] CHANG C. Cultural masculinity/femininity influences on advertising appeals [J]. Journal of Advertising Research, 2006, 46 (3): 315-323.

[36] CHANG C. Enhancing self-consciousness: Implications for the effectiveness of ad appeals [J]. Advances in Consumer Research, 2006, 33 (5): 503-508.

[37] CHEN H, CHANG H, BESHERAT A, et al. Who benefits from multiple brand celebrity endorsements? [J]. An experimental investigation, Psychology & Marketing, 2013, 30 (10): 850-860.

[38] CHEN Y, LIN H, CLAUSSEN L. Celebrity endorsement for sporting events using classical conditioning [J]. International Journal of Sports Marketing and Sponsorship, 2012, 13 (3): 46-56.

[39] CHENG W. Gender differences in responding to sad emotional appeal: A moderated mediation explanation [J]. Journal of Nonprofit & Public Sector Marketing, 2008, 19 (1): 55-70.

[40] CHEN S, THOMAS S, KOHLI C. What really makes a promotional campaign succeed on a crowdfunding platform? Guilt, utilitarian products, emotional messaging, and fewer but meaningful rewards drive donations [J]. Journal of Advertising Research, 2016, 56 (1): 81-94.

[41] CHIOU B, WU H, CHANG H. Think abstractly, smoke less: A brief construal-level intervention can promote self-control, leading to reduced cigarette consumption among current smokers [J]. Addiction, 2013, 108 (5): 985-992.

[42] CHOI H, YOON J, PAEK J, et al. 'Thinking and feeling' products and 'utilitarian and value-expressive' appeals in contemporary TV advertising: a content analytic test of functional matching and the fcb model [J]. Journal of Marketing Communications, 2012, 18 (2): 91-111.

[43] CHOI M, RIFON J. It is a match: The impact of congruence between celebrity image and consumer ideal self on endorsement effectiveness [J]. Psychology & Marketing, 2012, 29 (9): 639-650.

[44] CHOI M, RIFON J. Who is the celebrity in advertising? Understanding dimensions of celebrity images [J]. Journal of Popular Culture, 2010, 40 (2): 304-324.

[45] Jaikumar S, Sahay A. Celebrity endorsements and branding strategies:

event study from India [J]. Journal of Product & Brand Management, 2015, 26 (6): 633-645.

[46] CHUNG Y, CHO H. Parasocial relationship via reality TV and social media: Its implications for celebrity endorsement [J]. Research Collection Lee Kong Chian School of Business, 2014, 34 (4): 47-54.

[47] CLARKE B, MURPHY J, ADLER J. Celebrity chef adoption and implementation of social media, particularly pinterest: A diffusion of innovations approach [J]. International Journal of Hospitality Management, 2016, 57 (6): 84-92.

[48] COHEN B, GOLDEN E. Informational social influence and product evaluation [J]. Journal of Applied Psychology, 1972, 56 (1): 54-59.

[49] COOLEY H. Looking-glass self. The production of reality: Essays and readings on social interaction [M]. New York: Charles Scribner's Sons, 1902.

[50] COSTANZO J, GOODNIGHT E. Celebrity endorsements [J]. Journal of Promotion Management, 2005, 11 (4): 49-62.

[51] CROCKER J, NIIYA Y, MISCHKOWSKI D. Why does writing about important values reduce defensiveness? Self-affirmation and the role of positive other-directed feelings [J]. Psychological Science, 2008, 19 (7): 740-747.

[52] ABIDIN, ERIC C, THOMPSON. Buymylife.com: Cyber-femininities and commercial intimacy in blogshops [J]. Women's Studies International Forum, 2012, 35 (6): 467-477.

[53] CZAJA, SARA J. Age differences in life satisfaction as a function of discrepancy between real and ideal self concepts [J]. Experimental Aging Research, 1975, 1 (1): 81-89.

[54] DEBEVEC K, KERNAN B. More evidence on the effects of a presenter's attractiveness some cognitive, affective, and behavioral consequences [J]. ACR North American Advances, 1984, 5 (2): 127-132.

[55] DEBONO G, PACKER M. The effects of advertising appeal on perceptions of product quality [J]. Personality and Social Psychology Bulletin, 1991, 17 (2): 194-200.

[56] DECI L, RYAN M. Intrinsic motivation and self-determination in human behavior [J]. Encyclopedia of Applied Psychology, 2004, 3 (2): 437-448.

[57] PELSMACKER P, GEUENS M, ANCKAERT P. Media context and

advertising effectiveness: The role of context appreciation and context/ad similarity [J]. Journal of Advertising, 2002, 31 (2): 49-61.

[58] DIPAYAN B, ABHIJIT B, NEEL D. The differential effects of celebrity and expert endorsements on consumer risk perceptions [J]. Journal of Advertising, 2006, 35 (2): 17-31.

[59] DOMZAL J, KERNAN B. Reading advertising: The what and how of product meaning [J]. Journal of Consumer Marketing, 1992, 9 (3): 48-64.

[60] DYER R. Heavenly Bodies: Film Stars and Society [M]. 2nd ed. New York: Routledge, 2004.

[61] ECO U. Semiotics of theatrical performance [J]. The Drama Review: TDR, 1977, 21 (1): 107-117.

[62] ELBERSE A, VERLEUN J. The economic value of celebrity endorsements [J]. Journal of Advertising Research, 2012, 52 (2): 149-165.

[63] EPSTEIN J. Celebrity culture [J]. The Hedgehog Review, 2005, 7 (1): 7-20.

[64] DOLICH J. Congruence relationships between self images and product brands [J]. Journal of Marketing Research, 1969, 6 (1): 80-84.

[65] ERDOGAN Z. Celebrity endorsement: A literature review [J]. Journal of Marketing Management, 1999, 15 (4): 291-314.

[66] ERICKSEN G. Socioeconomic implications of prehistoric textile production in the eastern woodlands [J]. Mrs Proceedings, 1996, 10 (5): 281-462.

[67] ERICKSEN K. Using self-congruity and ideal congruity to predict purchase intention: A European perspective [J]. Journal of Euro Marketing, 1997, 6 (1): 41-56.

[68] FAZIO H, EFFREIN A, FALENDER J. Self-perceptions following social interaction [J]. Journal of Personality and Social Psychology, 1981, 41 (2): 232-242.

[69] FARRIS W, ALBION S. The impact of advertising on the price of consumer products [J]. Journal of Marketing, 1980, 44 (3): 17-35.

[70] FOA G, CONVERSE J, TORNBLOM Y, et al. Resource theory explorations and applications [M]. New York: Academic Press, 1993.

[71] FREITAS L, LANGSAM L, CLARK S, et al. Seeing oneself in one's choices: Construal level and self-pertinence of electoral and consumer

decisions [J]. Journal of Experimental Social Psychology, 2008, 44 (4): 1174-1179

[72] FROMM E. To have or to be? [M]. New York: The Continuum Publishing Company, 1976.

[73] FRIEDMAN H, FRIEDMAN L. Endorser effectiveness by product type [J]. Journal of Advertising Research, 1979, 19 (5): 63-71.

[74] FUJITA K, CARNEVALE J. Transcending temptation through abstraction: The role of construal level in self-control [J]. Current Directions in Psychological Science, 2012, 21 (4): 248-252.

[75] FUJITA K, HENDERSON D, ENG J, et al. Spatial distance and mental construal of social events [J]. Psychological Science, 2006, 17 (4): 278-282.

[76] FUJITA K, HAN A. Moving beyond deliberative control of impulses: The effect of construal levels on evaluative associations in self-control conflicts [J]. Psychological Science, 2009, 20 (7): 799-804.

[77] FUJITA K, ROBERTS C. Promoting prospective self-control through abstraction [J]. Journal of Experimental Social Psychology, 2010, 46 (6): 1049-1054.

[78] FUJITA K, SASOTA A. The effects of construal levels on asymmetric temptation-goal cognitive associations [J]. Social Cognition, 2011, 29 (2): 125-146.

[79] GREEN T, PELOZA J. Finding the right shade of green: The effect of advertising appeal type on environmentally friendly consumption [J]. Journal of Advertising, 2014, 43 (2): 128-141.

[80] GRAEFF R. Consumption situations and the effects of brand image on consumers' brand evaluations [J]. Psychology & Marketing, 1997, 14 (1): 49-70.

[81] HAN P, SHAVITT S. Persuasion and culture: Advertising appeals in individualistic and collectivistic societies [J]. Journal of experimental social psychology, 1994, 30 (4): 326-350.

[82] HARGITTAI E, LITT E. The tweet smell of celebrity success: Explaining variation in twitter adoption among a diverse group of young adults [J]. New Media & Society, 2011, 13 (5): 824-842.

[83] HATTIE J. Measuring the effects of schooling [J]. Australian journal of education, 1992, 36 (1): 5-13.

[84] HAWKINS D I, BEST R J, CONEY K A. Consumer behavior: Implications for marketing strategy [M]. Chicago: Irwin, 1998.

[85] HENDERSON M D, TROPE Y, CARNEVALE P J. Negotiation from a near and distant time perspective [J]. Journal of Personality and Social Psychology, 2006, 91 (4): 712.

[86] HESS J A. Measuring distance in personal relationships: The relational distance index [J]. Personal Relationships, 2003, 10 (2): 20.

[87] HOLBROOK M B, BATRA R. Assessing the role of emotions as mediators of consumer responses to advertising [J]. Journal of Consumer Research, 1987, 14 (3): 404-420.

[88] HONG J W, ZINKHAN G M. Self-concept and advertising effectiveness: the influence of congruency, conspicuousness, and response mode [J]. Psychology & Marketing, 2010, 12 (1): 53-77.

[89] HOUSEH M, BORYCKI E, KUSHNIRUK A. Empowering patients through social media: the benefits and challenges [J]. Health Informatics Journal, 2014, 20 (1): 50.

[90] HUNG K, RICE M D. Canadian advertising agency executives and their ethical concerns: A cross-national replication [J]. International Journal of Advertising, 2010, 15 (4): 345-358.

[91] IEM M. The role of celebrities as an aspirational reference group in the online environment for consumers of the generation Y [D]. Nottingham, 2010.

[92] JIANG J, HUANG Y H, WU F, et al. At the crossroads of inclusion and distance: organizational crisis communication during celebrity-endorsement crises in China [J]. Public Relations Review, 2015, 41 (1): 50-63.

[93] JIN S A, PHUA J. Following celebrities' tweets about brands: The impact of twitter-based electronic word-of-mouth on consumers' source credibility perception, buying intention, and social identification with celebrities [J]. Journal of Advertising, 2014, 43 (2): 181-195.

[94] KETTLE K L, HÄUBL. The signature effect: signing influences consumption-related behavior by priming self-identity [J]. Journal of Consumer Research, 2011, 38 (3): 474.

[95] KHAMIS S, ANG L, WELLING R. Self-branding, "micro-celebrity" and the rise of Social Media Influencers [J]. Celebrity Studies, 2017,

8 (2): 191-208.

[96] JOHAR J S, SIRGY M J. Value-expressive versus utilitarian advertising appeals: When and why to use which appeal [J]. Journal of Advertising, 1991, 20 (3): 23-33.

[97] KAMINS M A. An investigation into the "match-up" hypothesis in celebrity advertising: When beauty may be only skin deep [J]. Journal of Advertising, 1990, 19 (1): 4-13.

[98] KAMINS M A, GUPTA K. Congruence between spokesperson and product type: A matchup hypothesis perspective [J]. Psychology & Marketing, 1994, 11 (6): 569-586.

[99] KANG Y S, HERR P M. Beauty and the beholder: Toward an integrative model of communication source effects [J]. Journal of Consumer Research, 2006, 33 (1): 123-130.

[100] KEEL A, NATARAAJAN R. Celebrity endorsements and beyond: New avenues for celebrity branding [J]. Psychology & Marketing, 2012, 29 (9): 690-703.

[101] KERR G, SCHULTZ E, KITCHEN J, et al. Does traditional advertising theory apply to the digital world? A replication analysis questions the relevance of the elaboration likelihood model [J]. Journal of Advertising Research, 2015, 55 (4): 390-400.

[102] KHAMIS S, ANG L, WELLING R. Self-branding, "micro-celebrity" and the rise of social media influencers [J]. Celebrity Studies, 2017, 15 (2): 1-18.

[103] KHAN A, KHAN R. A study of lagranges polynomials of three variables [J]. Acta Cienc Indica Math, 2014, 18 (3): 545-550.

[104] KIM H, YOO J, LEE N. The influence of self-concept on ad effectiveness: Interaction between self-concept and construal levels on effectiveness of advertising [J]. Journal of Marketing Communications, 2018, 24 (7): 734-745.

[105] KIM J. Celebrity's self-disclosure on twitter and parasocial relationships: A mediating role of social presence [J]. Computers in Human Behavior, 2016, 62 (C): 570-577.

[106] KITAYAMA S, PARK H. Cultural shaping of self, emotion, and well-being: How does it work? [J]. Social & Personality Psychology Compass, 2010, 1 (1): 202-222.

[107] KIVETZ Y, TYLER R. Tomorrow I' ll be me: The effect of time perspective on the activation of idealistic versus pragmatic selves [J]. Organizational Behavior and Human Decision Processes, 2007, 102 (2): 193-211.

[108] KLAUS N, BAILEY A. Celebrity endorsements: An examination of gender and consumers' attitudes [J]. American Business Law Journal, 2008, 23 (2): 53-61.

[109] FERLE C, CHOI M. The importance of perceived endorser credibility in South Korean advertising [J]. Journal of Current Issues & Research in Advertising, 2005, 27 (2): 67-81.

[110] LANDON J. Self concept, ideal self concept, and consumer purchase intentions [J]. Journal of Consumer Research, 1974, 1 (2): 44-51.

[111] LAIRD D. Self-attribution of emotion: The effects of expressive behavior on the quality of emotional experience [J]. Journal of Personality and Social Psychology, 1974, 29 (4): 475.

[112] LEUNG D, LAW R, HOOF H, et al. Social media in tourism and hospitality: A literature review [J]. Journal of Travel & Tourism Marketing, 2013, 30 (1-2): 3-22.

[113] WHITE S. The functions of advertising in our culture [J]. Journal of Marketing, 1959, 24 (1): 8-14.

[114] LIAO H, WU C, WIDOWATI R, et al. Relationships between brand awareness and online word-of-mouth: An example of online gaming community [J]. International Journal of Web Based Communities, 2012, 8 (2): 177-195.

[115] LIBERMAN N, TROPE Y. Construal level theory of intertemporal judgment and decision [J]. Russell Sage Foundation, 2003, 245-276.

[116] LIU S, STOUT A. Effects of message modality and appeal on advertising acceptance [J]. Psychology & Marketing, 2010, 4 (3): 167-187.

[117] LIU T, QIN H. Detecting and tagging users′ social circles in social media [J]. Multimedia Systems, 2014, 22 (4): 1-9.

[118] MALHOTRA K. A scale to measure self-concepts, person concepts, and product concepts [J]. Journal of Marketing Research, 1981, 18 (4): 456-464.

[119] MALHOTRA K. Self concept and product choice: An integrated

perspective [J]. Journal of Economic Psychology, 1988, 9 (1): 1-28.

[120] MALÄR L, KROHMER H, HOYER D, et al. Emotional brand attachment and brand personality: The relative importance of the actual and the ideal self [J]. Journal of Marketing, 2018, 75 (4): 35-52.

[121] MARKUS H, WURF E. The dynamic self-concept: A social psychology perspective [J]. Annual Review of Psychology, 1987, 41 (5): 407-421.

[122] MARWICK A, BOYD D. To see and be seen: Celebrity practice on Twitter [J]. Convergence, 2011, 17 (2): 139-158.

[123] MA Z, GILL T, JIANG Y. Core versus peripheral innovations: The effect of innovation locus on consumer adoption of new products [J]. Journal of Marketing Research, 2015, 52 (3): 309-324.

[124] MARSH W, SHAVELSON R. Self-concept: its multifaceted, hierarchical structure [J]. Educational Psychologist, 1985, 20 (3): 107-123.

[125] MEAD H. Mind, self and society (Vol. 111) [M]. Chicago: University of Chicago Press, 1934.

[126] MCCRACKEN, GRANT. Who is the celebrity endorser? Cultural foundations of the endorsement process [J]. Journal of Consumer Research, 1989, 16 (3): 310.

[127] MCCULLOUGH G, HUEBNER S, LAUGHLIN E. Life events, self-concept, and adolescents' positive subjective well - being [J]. Psychology in the Schools, 2000, 37 (3): 281-290.

[128] MILKMAN L, ROGERS T, BAZERMAN H. Highbrow films gather dust: Time-inconsistent preferences and online DVD rentals [J]. Management Science, 2009, 55 (6): 1047-1059.

[129] MISHRA S, ROY S, BAILEY A. Exploring brand personality-celebrity endorser personality congruence in celebrity endorsements in the indian context [J]. Psychology & Marketing, 2015, 32 (12): 1158-1174.

[130] MISRA S, BEATTY E. Celebrity spokesperson and brand congruence: An assessment of recall and affect [J]. Journal of Business Research, 1990, 21 (2): 159-173.

[131] MICIAK R, SHANKLIN L. Choosing celebrity endorsers [J]. Marketing Management, 1994, 3 (3): 50-55.

[132] MOORE J, HARRIS D. Affect intensity and the consumer's attitude

toward high impact emotional advertising appeals [J]. Journal of Advertising, 1996, 25 (2): 37-50.

[133] MILKMAN L, ROGERS T, BAZERMAN H. I'll have the ice cream soon and the vegetables later: a study of online grocery purchases and order lead time [J]. Marketing Letters, 2010, 21 (1): 17-35.

[134] MISCHEL W. The interaction of person and situation. Personality at the crossroads: Current issues in interactional psychology [M]. New York: Halsted Press Division of Wiley, 1977.

[135] NATARAAJAN R, CHAWLA K. "Fitness" marketing: celebrity or non-celebrity endorsement? [J]. Journal of Professional Services Marketing, 1997, 15 (2): 119-129.

[136] NEWELL J, SHEMWELL J. The CEO endorser and message source credibility: an empirical investigation of antecedents and consequences [J]. Journal of Marketing Communications, 1995, 1 (1): 13-23.

[137] NHO M. Korea's popular celebrity Twitter users and celebrity culture [J]. Cybercommunication Academic Society, 2012, 29 (4): 95-143.

[138] NORTON B. The practice of theory in the language classroom [J]. Issues in Applied Linguistics, 2010, 18 (2): 42-45.

[139] NOVEMSKY N, DHAR R, SCHWARZ N, et al. Preference fluency in choice [J]. Journal of Marketing Research, 2007, 44 (3): 347-356.

[140] OHANIAN R. Construction and validation of a scale to measure celebrity endorsers′ perceived expertise, trustworthiness, and attractiveness [J]. Journal of Advertising, 1990, 19 (3): 39-52.

[141] OHANIAN R. The impact of celebrity spokespersons′ perceived image on consumers′ intention to purchase [J]. Journal of Advertising Research, 1991, 31 (1): 46-54.

[142] OKAZAKI S, MUELLER B, TAYLOR R. Global consumer culture positioning: testing perceptions of soft-sell and hard-sell advertising appeals between US and Japanese consumers [J]. Journal of International Marketing, 2010, 18 (2): 20-34.

[143] O′BRIEN V, SANCHEZ T. Consumer motivation: a developmental self concept approach [J]. Journal of the Academy of Marketing Science, 1976, 4 (3): 608-616.

[144] OUMLIL B, ERDEM O. Self-concept by gender: a focus on male-female consumer [J]. Journal of Marketing Theory & Practice, 1997,

5 (1): 7–14.

[145] PARK W, JAWORSKI J, MACINNIS J. Strategic brand concept–image management [J]. Journal of Marketing, 1986, 50 (4): 135–145.

[146] PEAR S, NOLAN P, SCOTT L, et al. Production of high–titer helper–free retroviruses by transient transfection [J]. Proceedings of the National Academy of Sciences, 1993, 90 (18): 8392–8396.

[147] PETER C. Emotional intelligence [J]. Wiley International Encyclopedia of Marketing, 2010, 10 (2): 50–62.

[148] PINEIRO R. E–electioneering: the political and cultural influence of social media in the 2008 and 2012 presidential elections [J]. Journal of Yunnan University of Nationalities, 2015, 22 (3): 423–442.

[149] POSAVAC J S S. Prepurchase attribute verifiability, source credibility, and persuasion [J]. Journal of Consumer Psychology, 2001, 11 (3): 169–180.

[150] PRIESTER R, GODEK J, NAYAKANKUPPUM J, et al. Brand congruity and comparative advertising: when and why comparative advertisements lead to greater elaboration [J]. Journal of Consumer Psychology, 2004, 14 (1): 115–123.

[151] RAZA H, BAKAR A, MOHAMAD B. Relationships between the advertising appeal and behavioral intention: the mediating role of the attitude towards advertising appeal [J]. EDP Sciences, 2017, 33 (22): 1–6.

[152] RIM S, ULEMAN S, TROPE Y. Spontaneous trait inference and construal level theory: psychological distance increases nonconscious trait thinking [J]. Journal of Experimental Social Psychology, 2009, 45 (5): 1088–1097.

[153] ROCKWELL D, GILES C. Being a celebrity: a phenomenology of fame [J]. Journal of Phenomenological Psychology, 2009, 40 (2): 178.

[154] ROGERS T, BAZERMAN H. Future lock–in: future implementation increases selection of "should" choices [J]. Organizational Behavior and Human Decision Processes, 2008, 106 (1): 1–20.

[155] ROGERS M, SMITH D, COLEMAN M. Social comparison in the classroom: the relationship between academic achievement and self–concept [J]. Journal of Educational Psychology, 1978, 70 (1): 50–55.

[156] ROLL M. Asian brand strategy. In Asian Brand Strategy [M].

London : Palgrave Macmillan, 2006.

[157] ROOZEN I, CLAEYS C. The relative effectiveness of celebrity endorsement for print advertisement [J]. Review of Business and Economics, 2010, 20 (1): 76-89.

[158] ROY S, GAMMOH S, KOH C. Predicting the effectiveness of celebrity endorsements using the balance theory [J]. Journal of Customer Behaviour, 2012, 11 (1): 33-52.

[159] RUIZ S, SICILIA M. The impact of cognitive and/or affective processing styles on consumer response to advertising appeals [J]. Journal of Business Research, 2004, 57 (6): 657-664.

[160] RUSSELL A, RASOLOFOARISON D. Uncovering the power of natural endorsements: a comparison with celebrity-endorsed advertising and product placements [J]. International Journal of Advertising, 2017, 36 (3): 1-18.

[161] RUSSELL A, MEHRABIAN A. Distinguishing anger and anxiety in terms of emotional response factors [J]. Journal of Consulting and Clinical Csychology, 1974, 42 (1): 79-86.

[162] RUTH A, SIMONIN L. The power of numbers: Investigating the impact of event roster size in consumer response to sponsorship [J]. Journal of Advertising, 2006, 35 (4): 7-20.

[163] SAID M, HASSAN F, MUSA R, et al. Assessing consumers' perception, knowledge and religiosity on Malaysia's halal food products [J]. Procedia-Social and Behavioral Sciences, 2014, 130 (5): 120-128.

[164] SARSTEDT M, DIAMANTOPOULOS A, SALZBERGER T, et al. Selecting single items to measure doubly concrete constructs: a cautionary tale [J]. Journal of Business Research, 2016, 69 (8): 3159-3167.

[165] SEDIKIDES C, GAERTNER L. A homecoming to the individual self, Individual self, relational self, collective self [J]. Circulation, 2001, 1312 (273): 7-23.

[166] SENFT M. Microcelebrity and the branded self [J]. A Companion To New Media Dynamics, 2013, 25 (2): 346-354.

[167] SENGUPTA J, GOODSTEIN C, BONINGER S. All cues are not created equal: obtaining attitude persistence under low-involvement conditions [J]. Journal of Consumer Research, 1997, 23 (4): 351-361.

[168] SHANI Y, IGOU R, ZEELENBERG M. Different ways of looking at

unpleasant truths: how construal levels influence information search [J]. Organizational Behavior and Human Decision Processes, 2009, 110 (1): 36-44.

[169] SHANKLIN L, MICIAK R. Selecting sports personalities as celebrity endorsers [J]. Journal of Promotion Management, 1996, 4 (1): 1-11.

[170] SHAVITT S. Evidence for predicting the effectiveness of value-expressive versus utilitarian appeals: a reply to Johar and Sirgy [J]. Journal of Advertising, 1992, 21 (2): 47-51.

[171] SHEN R, LI Y, XINGYANG L, et al. Influence of celebrity endorsements on attitudes toward chinese tourist destinations? Based on celebrity-destination match and personal involvement [J]. Tourism Tribune, 2015, 30 (4): 62-72.

[172] SIRGY J. Self-concept in consumer behavior: a critical review [J]. Journal of Consumer Research, 1982, 9 (3): 287-300.

[173] SIRGY J. The self-concept in relation to product preference and purchase intention [J]. In Marketing Horizons: a 1980's Perspective, 2015, 10 (1): 350-354.

[174] SMITH K, TROPE Y. You focus on the forest when you're in charge of the trees: power priming and abstract information processing [J]. Journal of Personality and Social Psychology, 2006, 90 (4): 578-596.

[175] SONWALKAR J, KAPSE M, PATHAK A. Celebrity impact-a model of celebrity endorsement [J]. Journal of Marketing & Communication, 2011, 7 (1): 2-22.

[176] SPRY A, PAPPU R, CORNWELL T. Celebrity endorsement, brand credibility and brand equity [J]. European Journal of Marketing, 2011, 45 (6): 882-909.

[177] SRINIVASAN S, SRINIVASA S, THULASIDASAN S. Exploring celebrity dynamics on Twitter [J]. IBM Collaborative Academia Research Exchange Workshop, 2013.

[178] STEIN F, CORTE C. Identity impairment and the eating disorders: Content and organization of the self-concept in women with anorexia nervosa and bulimia nervosa [J]. European Eating Disorders Review: The Professional Journal of the Eating Disorders Association, 2007, 15 (1): 58-69.

[179] STEVER S, LAWSON K. Twitter as a way for celebrities to communicate with fans: Implications for the study of parasocial interaction [J]. North American Journal of Psychology, 2013, 15 (2): 339-354.

[180] STRAUMAN J. Self-guides, autobiographical memory, and anxiety and dysphoria: Toward a cognitive model of vulnerability to emotional distress [J]. Journal of Abnormal Psychology, 1992, 101 (1): 87.

[181] TAN K, CHANG C. Credibility assessment model of travel information sources: an exploratory study on travel blogs [J]. In Information and Communication Technologies in Tourism, 2011, 50 (6): 457-469.

[182] TILL D, SHIMP A. Endorsers in advertising: The case of negative celebrity information [J]. Journal of Advertising, 1998, 27 (1): 67-82.

[183] TILL D, BUSLER M. The match-up hypothesis: physical attractiveness, expertise, and the role of fit on brand attitude, purchase intent and brand beliefs [J]. Journal of Advertising, 2000, 29 (3): 1-13.

[184] TROPE Y, LIBERMAN N. Temporal construal [J]. Psychological Review, 2003, 110 (3): 403-421.

[185] TROPE Y, LIBERMAN N. Construal-level theory of psychological distance [J]. Psychological Review, 2010, 117 (2): 440-463.

[186] TURNER G. Understanding Celebrity [M]. London: Sage, 2004.

[187] VEER E, BECIROVIC I, MARTIN A. If Kate voted conservative, would you? The role of celebrity endorsements in political party advertising [J]. European Journal of Marketing, 2010, 44 (3/4): 436-450.

[188] UM H, LEE N. Korean advertising practitioners' perspectives on celebrity endorsement [J]. Journal of Promotion Management, 2015, 21 (1): 33-54.

[189] WANG C, BRISTOL T, MOWEN J, et al. Alternative modes of self-construal: Dimensions of connectedness-separateness and advertising appeals to the cultural and gender-specific self [J]. Journal of Consumer Psychology, 2000, 9 (2): 107-115.

[190] WANG S, CHENG F, CHU L. Effect of celebrity endorsements on consumer purchase intentions: Advertising effect and advertising appeal as mediators [J]. Human Factors & Ergonomics in Manufacturing & Service Industries, 2013, 23 (5): 357-367.

[191] WANG S, KIM S, AGRUSA J. A comparative study of perceptions of

destination advertising according to message appeal and endorsement type [J]. Asia Pacific Journal of Tourism Research, 2018, 23 (1): 24-41.

[192] WAN H, PFAU M. The relative effectiveness of inoculation, bolstering, and combined approaches in crisis communication [J]. Journal of Public Relations Research, 2004, 16 (3): 301-328.

[193] WEI K, WU Y L. Measuring the impact of celebrity endorsement on consumer behavioural intentions: a study of malaysian consumers [J]. International Journal of Sports Marketing & Sponsorship, 2013, 14 (3): 2-22.

[194] WINTERICH P, GANGWAR M, GREWAL R. When celebrities count: power distance beliefs and celebrity endorsements [J]. Journal of Marketing, 2018, 82 (3): 70-86.

[195] YOO H, GRETZEL U. Antecedents and impacts of trust in travel-related consumer-generated media [J]. Information Technology & Tourism, 2010, 12 (2): 139-152.

[196] YU Y, JING F, CHENTING S, et al. Impact of material vs. experiential purchase types on happiness: the moderating role of self-discrepancy [J]. Journal of Consumer Behaviour, 2016, 15 (6): 571-579.

附录

（考虑到肖像权，本书对照片进行了虚化处理，但在正式实验时，并没有使用虚化照片）

研究一

编号A1______

您好！我们是武汉大学的研究人员，正在进行一项学术研究调查，恳请占用您一点时间来参与调查，我们在问卷调查中所收集的信息和数据，将仅作统计分析之用。衷心感谢您的支持！

请您进入以下情景：

假如您想要购买一款洗面奶，您在浏览某知名购物网站时，恰巧发现明星赵××正在为某款（知名品牌×）洗面奶做广告宣传。

赵××是现在的一线明星，被称为当红花旦，位居最受大众喜爱的明星前列。

具体情景如下图所示：

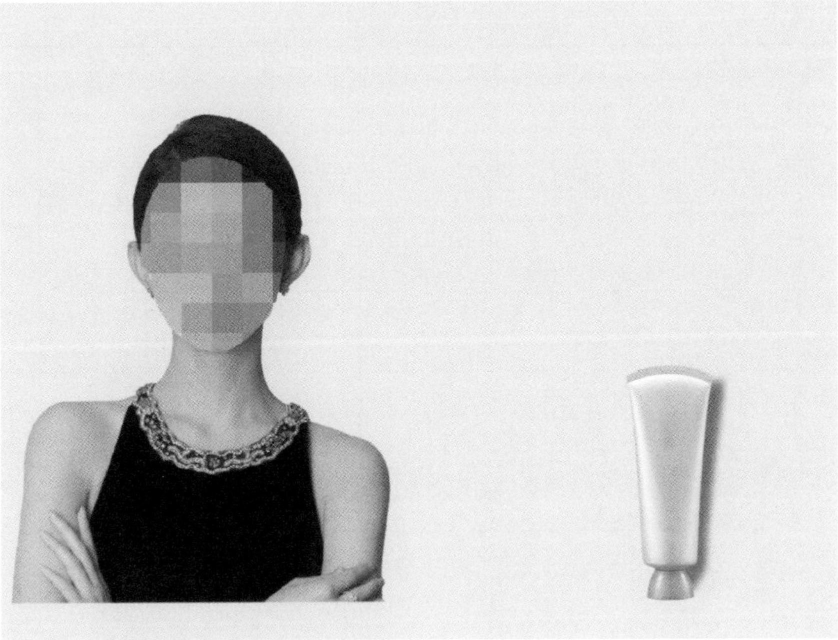

【正式问卷第一部分】

请结合该名人的广告代言和购物场景，回答以下问题（1=非常不同意，7=非常同意）	非常不同意						非常同意
A1：我愿意进一步了解该产品的信息	1	2	3	4	5	6	7
A2：我愿意保存该产品的信息以备选购时参考	1	2	3	4	5	6	7
A3：我会喜欢这个广告推荐的这款产品	1	2	3	4	5	6	7
A4：我愿意跟大家分享、讨论并推荐该产品	1	2	3	4	5	6	7

【正式问卷第二部分】

请结合该名人的广告代言和购物场景，回答以下问题（1=非常不同意，7=非常同意）	非常不同意						非常同意
B1：该名人具有广泛的知名度	1	2	3	4	5	6	7
B2：该名人是有资格代言这款产品的	1	2	3	4	5	6	7
B3：该名人有较多的相关知识	1	2	3	4	5	6	7
B4：该名人对这款产品经验丰富	1	2	3	4	5	6	7
B5：该名人是有专业性的	1	2	3	4	5	6	7
B6：该名人是可信赖的	1	2	3	4	5	6	7
B7：该名人是真诚的	1	2	3	4	5	6	7
B8：该名人是诚实的	1	2	3	4	5	6	7
B9：该名人是可靠的	1	2	3	4	5	6	7
B10：该名人是有吸引力的	1	2	3	4	5	6	7
B11：该名人是仪表出众的	1	2	3	4	5	6	7
B12：该名人是漂亮的（英俊的）	1	2	3	4	5	6	7
B13：该名人是优雅的	1	2	3	4	5	6	7
B14：该名人是性感的	1	2	3	4	5	6	7

【正式问卷第三部分】

请结合该名人的广告代言和购物场景，回答以下问题（1=非常不同意，7=非常同意）	非常不同意						非常同意
C1：该名人偶尔与粉丝进行互动交流，保持神秘感	1	2	3	4	5	6	7
C2：该名人被当作偶像，距离感较大	1	2	3	4	5	6	7
C3：该名人具有个人形象、公益形象、社会形象、商业形象	1	2	3	4	5	6	7
C4：该名人具有权威性	1	2	3	4	5	6	7
D1：该名人频繁与粉丝进行交流互动，具有亲民性	1	2	3	4	5	6	7
D2：该名人被视为朋友，距离感较小	1	2	3	4	5	6	7
D3：该名人具有个人形象、商业形象	1	2	3	4	5	6	7
D4：该名人非常接地气	1	2	3	4	5	6	7

【个人信息】

H1：您的性别：A.男　B.女

H2：您的年龄：A.18岁以下　B.18~25岁　C.26~35岁　D.35岁以上

H3：您的学历：A.高中及以下　B.专科　C.本科　D.硕士　E.博士及以上

再次感谢您的支持！祝您身体健康，生活愉快！

研究一

编号 B1______

您好！我们是武汉大学的研究人员，正在进行一项学术研究调查，恳请占用您一点时间来参与调查，我们在问卷调查中所收集的信息和数据，将仅作统计分析之用。衷心感谢您的支持！

请您进入以下情景：

假如您想要购买一款洗面奶，您在浏览某知名购物网站时，恰巧发现网红姜××正在为某款（知名品牌×）的洗面奶做广告宣传。

姜××是拥有大量粉丝的网红，被评为人气网红，位居最受大众喜欢的网红前列。

具体情景如下图所示：

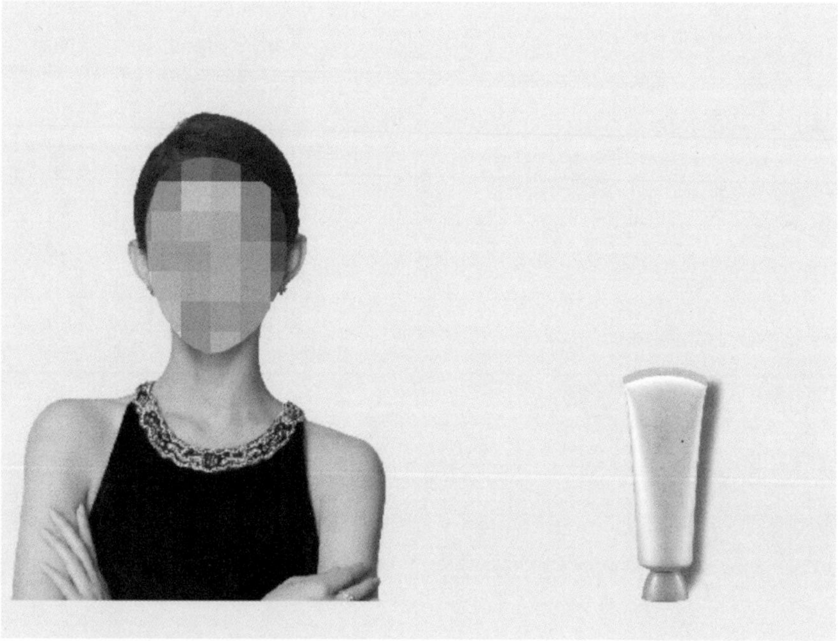

【正式问卷第一部分】

请结合该名人的广告代言和购物场景，回答以下问题（1=非常不同意，7=非常同意）	非常不同意						非常同意
A1：我愿意进一步了解该产品的信息	1	2	3	4	5	6	7
A2：我愿意保存该产品的信息以备选购时参考	1	2	3	4	5	6	7
A3：我会喜欢这个广告推荐的这款产品	1	2	3	4	5	6	7
A4：我愿意跟大家分享、讨论并推荐该产品	1	2	3	4	5	6	7

【正式问卷第二部分】

请结合该名人的广告代言和购物场景，回答以下问题（1=非常不同意，7=非常同意）	非常不同意						非常同意
B1：该名人具有广泛的知名度	1	2	3	4	5	6	7
B2：该名人是有资格代言这款产品的	1	2	3	4	5	6	7
B3：该名人有较多的相关知识	1	2	3	4	5	6	7
B4：该名人对这款产品经验丰富	1	2	3	4	5	6	7
B5：该名人是有专业性的	1	2	3	4	5	6	7
B6：该名人是可信赖的	1	2	3	4	5	6	7
B7：该名人是真诚的	1	2	3	4	5	6	7
B8：该名人是诚实的	1	2	3	4	5	6	7
B9：该名人是可靠的	1	2	3	4	5	6	7
B10：该名人是有吸引力的	1	2	3	4	5	6	7
B11：该名人是仪表出众的	1	2	3	4	5	6	7
B12：该名人是漂亮的（英俊的）	1	2	3	4	5	6	7
B13：该名人是优雅的	1	2	3	4	5	6	7
B14：该名人是性感的	1	2	3	4	5	6	7

【正式问卷第三部分】

请结合该名人的广告代言和购物场景，回答以下问题（1=非常不同意，7=非常同意）	非常不同意						非常同意
C1：该名人偶尔与粉丝进行互动交流，保持神秘感	1	2	3	4	5	6	7
C2：该名人被当作偶像，距离感较大	1	2	3	4	5	6	7
C3：该名人具有个人形象、公益形象、社会形象、商业形象	1	2	3	4	5	6	7
C4：该名人具有权威性	1	2	3	4	5	6	7
D1：该名人频繁与粉丝进行交流互动，具有亲民性	1	2	3	4	5	6	7
D2：该名人被视为朋友，距离感较小	1	2	3	4	5	6	7
D3：该名人具有个人形象、商业形象	1	2	3	4	5	6	7
D4：该名人非常接地气	1	2	3	4	5	6	7

【个人信息】

H1：您的性别：A.男　B.女

H2：您的年龄：A.18岁以下　B.18~25岁　C.26~35岁　D.35岁以上

H3：您的学历：A.高中及以下　B.专科　C.本科　D.硕士　E.博士及以上

再次感谢您的支持！祝您身体健康，生活愉快！

研究一

编号C1______

您好！我们是武汉大学的研究人员，正在进行一项学术研究调查，恳请占用您一点时间来参与调查，我们在问卷调查中所收集的信息和数据，将仅作统计分析之用。衷心感谢您的支持！

请您进入以下情景：

假如您想要购买一款洗面奶，您在浏览某知名购物网站时，恰巧发现某款（知名品牌×）的洗面奶在做广告宣传，具体情景如下图所示：

【正式问卷第一部分】

请结合广告和购物场景，回答以下问题（1=非常不同意，7=非常同意）	非常不同意						非常同意
A1：我愿意进一步了解该产品的信息	1	2	3	4	5	6	7
A2：我愿意保存该产品的信息以备选购时参考	1	2	3	4	5	6	7
A3：我会喜欢这个广告推荐的这款产品	1	2	3	4	5	6	7
A4：我愿意跟大家分享、讨论并推荐该产品	1	2	3	4	5	6	7

【个人信息】

H1：您的性别：A.男　B.女

H2：您的年龄：A.18岁以下　B.18~25岁　C.26~35岁　D.35岁以上

H3：您的学历：A.高中及以下　B.专科　C.本科　D.硕士　E.博士及以上

再次感谢您的支持！祝您身体健康！

研究二

编号 A2______

您好！我们是武汉大学的研究人员，正在进行一项学术研究调查，恳请占用您一点时间来参与调查，我们在问卷调查中所收集的信息和数据，将仅作统计分析之用。衷心感谢您的支持！

请您进入以下情景：

假如您想要购买一款笔记本电脑，您在浏览某知名购物网站时，恰巧发现明星赵××正在为某款（知名品牌×）笔记本电脑做广告宣传。

赵××是现在的一线明星，被称为当红花旦，位居最受大众喜爱的明星前列。

具体情景如下图所示：

【正式问卷第一部分】

请结合该名人的广告代言和购物场景，回答以下问题（1=非常不同意，7=非常同意）	非常不同意						非常同意
A1：我愿意进一步了解该产品的信息	1	2	3	4	5	6	7
A2：我愿意保存该产品的信息以备选购时参考	1	2	3	4	5	6	7
A3：我会喜欢这个广告推荐的这款产品	1	2	3	4	5	6	7
A4：我愿意跟大家分享、讨论并推荐该产品	1	2	3	4	5	6	7

【正式问卷第二部分】

请结合该名人的广告代言和购物场景，回答以下问题（1=非常不同意，7=非常同意）	非常不同意						非常同意
B1：该名人具有广泛的知名度	1	2	3	4	5	6	7
B2：该名人是有资格代言这款产品的	1	2	3	4	5	6	7
B3：该名人有较多的相关知识	1	2	3	4	5	6	7
B4：该名人对这款产品经验丰富	1	2	3	4	5	6	7
B5：该名人是有专业性的	1	2	3	4	5	6	7
B6：该名人是可信赖的	1	2	3	4	5	6	7
B7：该名人是真诚的	1	2	3	4	5	6	7
B8：该名人是诚实的	1	2	3	4	5	6	7
B9：该名人是可靠的	1	2	3	4	5	6	7
B10：该名人是有吸引力的	1	2	3	4	5	6	7
B11：该名人是仪表出众的	1	2	3	4	5	6	7
B12：该名人是漂亮的（英俊的）	1	2	3	4	5	6	7
B13：该名人是优雅的	1	2	3	4	5	6	7
B14：该名人是性感的	1	2	3	4	5	6	7

【正式问卷第三部分】

请结合该名人的广告代言和购物场景， 回答以下问题 （1=非常不同意，7=非常同意）	非常不同意						非常同意
C1：该名人偶尔与粉丝进行互动交流，保持神秘感	1	2	3	4	5	6	7
C2：该名人被当作偶像，距离感较大	1	2	3	4	5	6	7
C3：该名人具有个人形象、公益形象、社会形象、商业形象	1	2	3	4	5	6	7
C4：该名人具有权威性	1	2	3	4	5	6	7
D1：该名人频繁与粉丝进行交流互动，具有亲民性	1	2	3	4	5	6	7
D2：该名人被视为朋友，距离感小	1	2	3	4	5	6	7
D3：该名人具有个人形象、商业形象	1	2	3	4	5	6	7
D4：该名人非常接地气	1	2	3	4	5	6	7

【正式问卷第四部分】

请结合上述材料， 回答以下问题 （1=非常不同意，7=非常同意）	非常不同意						非常同意
E1：我能够感受到场景所描述的就是我的真实形象	1	2	3	4	5	6	7
E2：我能够感受到场景对应的就是我现实中的自我状态	1	2	3	4	5	6	7
E3：通过场景，我可以客观地联想到工作中现实的自我	1	2	3	4	5	6	7
F1：我能够感受到场景所描述的就是我理想中的形象	1	2	3	4	5	6	7
F2：我能够感受到场景中反映的就是我完美的自我状态	1	2	3	4	5	6	7
F3：通过场景，我可以积极地联想到理想的自我	1	2	3	4	5	6	7

【个人信息】

H1：您的性别：A.男　　B.女

H2：您的年龄：A.18岁以下　　B.18~25岁　　C.26~35岁　　D.35岁以上

H3：您的学历：A.高中及以下　　B.专科　　C.本科　　D.硕士　　E.博士及以上

再次感谢您的支持！祝您身体健康，生活愉快！

研究二

编号 B2______

您好！我们是武汉大学的研究人员，正在进行一项学术研究调查，恳请占用您一点时间来参与调查，我们在问卷调查中所收集的信息和数据，将仅作统计分析之用。衷心感谢您的支持！

请您进入以下情景：

假如您想要购买一款笔记本电脑，您在浏览某知名购物网站时，恰巧发现网红姜××正在为某款（知名品牌×）笔记本电脑做广告宣传。

姜××是拥有大量粉丝的网红，被评为人气网红，位居最受大众喜欢的网红前列。

具体情景如下图所示：

【正式问卷第一部分】

请结合该名人的广告代言和购物场景，回答以下问题（1=非常不同意，7=非常同意）	非常不同意						非常同意
A1：我愿意进一步了解该产品的信息	1	2	3	4	5	6	7
A2：我愿意保存该产品的信息以备选购时参考	1	2	3	4	5	6	7
A3：我会喜欢这个广告推荐的这款产品	1	2	3	4	5	6	7
A4：我愿意跟大家分享、讨论并推荐该产品	1	2	3	4	5	6	7

【正式问卷第二部分】

请结合该名人的广告代言和购物场景，回答以下问题（1=非常不同意，7=非常同意）	非常不同意						非常同意
B1：该名人具有广泛的知名度	1	2	3	4	5	6	7
B2：该名人是有资格代言这款产品的	1	2	3	4	5	6	7
B3：该名人有较多的相关知识	1	2	3	4	5	6	7
B4：该名人对这款产品经验丰富	1	2	3	4	5	6	7
B5：该名人是有专业性的	1	2	3	4	5	6	7
B6：该名人是可信赖的	1	2	3	4	5	6	7
B7：该名人是真诚的	1	2	3	4	5	6	7
B8：该名人是诚实的	1	2	3	4	5	6	7
B9：该名人是可靠的	1	2	3	4	5	6	7
B10：该名人是有吸引力的	1	2	3	4	5	6	7
B11：该名人是仪表出众的	1	2	3	4	5	6	7
B12：该名人是漂亮的（英俊的）	1	2	3	4	5	6	7
B13：该名人是优雅的	1	2	3	4	5	6	7
B14：该名人是性感的	1	2	3	4	5	6	7

【正式问卷第三部分】

请结合该名人的广告代言和购物场景， 回答以下问题 （1=非常不同意，7=非常同意）	非常不同意						非常同意
C1：该名人偶尔与粉丝进行互动交流，保持神秘感	1	2	3	4	5	6	7
C2：该名人被当作偶像，距离感较大	1	2	3	4	5	6	7
C3：该名人具有个人形象、公益形象、社会形象、商业形象	1	2	3	4	5	6	7
C4：该名人具有权威性	1	2	3	4	5	6	7
D1：该名人频繁与粉丝进行交流互动，具有亲民性	1	2	3	4	5	6	7
D2：该名人被视为朋友，距离感较小							
D3：该名人具有个人形象、商业形象	1	2	3	4	5	6	7
D4：该名人非常接地气	1	2	3	4	5	6	7

【正式问卷第四部分】

请结合上述材料， 回答以下问题 （1=非常不同意，7=非常同意）	非常不同意						非常同意
E1：我能够感受到场景所描述的就是我真实的形象	1	2	3	4	5	6	7
E2：我能够感受到场景对应的就是我现实中的自我状态	1	2	3	4	5	6	7
E3：通过场景，我可以客观地联想到工作中现实的自我	1	2	3	4	5	6	7
F1：我能够感受到场景所描述的就是我理想中的形象	1	2	3	4	5	6	7
F2：我能够感受到场景中反映的就是我完美的自我状态	1	2	3	4	5	6	7
F3：通过场景，我可以积极地联想到理想的自我	1	2	3	4	5	6	7

【个人信息】

H1：您的性别：A.男　　　B.女

H2：您的年龄：A.18岁以下　　　B.18~25岁　　　C.26~35岁　　　D.35岁以上

H3：您的学历：A.高中及以下　　　B.专科　　　C.本科　　　D.硕士　　　E.博士及以上

再次感谢您的支持！祝您身体健康，生活愉快！

研究二

编号 C2______

您好！我们是武汉大学的研究人员，正在进行一项学术研究调查，恳请占用您一点时间来参与调查，我们在问卷调查中所收集的信息和数据，将仅作统计分析之用。衷心感谢您的支持！

请您进入以下情景：

假如您想要购买一款笔记本电脑，您在浏览某知名购物网站时，恰巧发现某款（知名品牌×）笔记本电脑在做广告宣传。

具体情景如下图所示：

【正式问卷第一部分】

请结合广告和购物场景，回答以下问题（1=非常不同意，7=非常同意）	非常不同意						非常同意
A1：我愿意进一步了解该产品的信息	1	2	3	4	5	6	7
A2：我愿意保存该产品的信息以备选购时参考	1	2	3	4	5	6	7
A3：我会喜欢这个广告推荐的这款产品	1	2	3	4	5	6	7
A4：我愿意跟大家分享、讨论并推荐该产品	1	2	3	4	5	6	7

【正式问卷第二部分】

请结合上述材料，回答以下问题（1=非常不同意，7=非常同意）	非常不同意						非常同意
B1：我能够感受到场景所描述的就是我真实的形象	1	2	3	4	5	6	7
B2：我能够感受到场景对应的就是我现实中的自我状态	1	2	3	4	5	6	7
B3：通过场景，我可以客观地联想到工作中现实的自我	1	2	3	4	5	6	7
C1：我能够感受到场景所描述的就是我理想中的形象	1	2	3	4	5	6	7
C2：我能够感受到场景中反映的就是我完美的自我状态	1	2	3	4	5	6	7
C3：通过场景，我可以积极地联想到理想的自我	1	2	3	4	5	6	7

【个人信息】

H1：您的性别：A.男　B.女

H2：您的年龄：A.18岁以下　B.18~25岁　C.26~35岁　D.35岁以上

H3：您的学历：A.高中及以下　B.专科　C.本科　D.硕士　E.博士及以上

再次感谢您的支持！祝您身体健康！

鉴于研究三和研究四的研究情景与研究一和研究二基本一致，不同的是，研究三增添了理想自我与现实自我的量表，研究四增加了广告象征性诉求与功能性诉求的量表，所以研究三和研究四在此不再罗列，如果需要可以向本书的作者索取。

索引

明星—2-4，6-8，10-16，18-25，27-31，38，40，55，57-60，65-68，70-73，75-78，80-83，85-92
网红—1-4，6，8，10-17，19-27，30-32，38，51，56，57，59-61，65-71，73，75-78，80-83，85-92
明星代言—2-15，18-20，23-25，27-31，35，37-41，45，48，54-59，61-65，67-71，73-76，78-92
网红代言—2-15，17-19，23-27，29-31，35，37-41，45，48，54-57，59，60，62-65，67-76，78-92
代言人—2，4，5，8，10，12，14，18，20-25，28，30，31，35，48，55-57，62，64-71，73，76-81，84，86，88-90，92
广告—3-5，7，8，10，13，16，18，19，23-25，27，28，31-40，48，55，58，59，61-63，65，67-69，71-73，75，76，78-83，85-87，89-92
广告诉求—5-14，31-41，54，63，65，79-81，83，84，86，89，90，92
功能性诉求—5-8，10，13，31，33-40，54，60-63，65，80-84，86，87，89，90
象征性诉求—5-8，10，13，31，33-40，54，61-63，65，80-84，

86，87，89，90
自我理论—6-12，41，63，86，89
解释水平理论—8-12，41，48-51，53，57-59，63，80，86-89